GEMÜSE
ANBAUEN

Grünes Garten Wissen

GEMÜSE
ANBAUEN

INHALT

Planen, pflanzen und pflegen	006
Warum eigenes Gemüse anbauen?	008
Welches Gemüse anbauen?	010
Was ist wann zu tun?	012
Wo wollen Sie gärtnern?	014
In Hochbeeten	016
Gärtnern in Gefäßen	018
Den Boden vorbereiten	020
Besten Ertrag erzielen	022
In kleinen Gärten	024
Gärtnern mit der Familie	026
Gemüse aussäen	028
Gemüse aus Jungpflanzen	030
Vorziehen im Haus	032
Düngen	034
Gießen	036
Pflanzenschutz	038
Nach der Ernte	040
Nach dem ersten Jahr	042
Die Saison verlängern	044
Kompostieren	046
Mehr Platz für Gemüse	048
Salate und Kräuter	050
Salate	052
Radicchio und Endivien	054
Rauke und Asia-Salat	056
Ampfer	058
Schnittsellerie	059
Sprossen	060
Kresse und Microgreens	061
Kräuter	062
Mehrjährige Kräuter	064
Erste Hilfe	066
Erbsen und Bohnen	068
Erbsen und Zuckerschoten	070
Gartenbohnen	072
Feuerbohnen	074
Dicke Bohnen	076
Trockenbohnen	078
Erste Hilfe	080
Lauchgewächse	082
Zwiebeln	084
Schalotten	086
Lauchzwiebeln	087
Knoblauch	088
Schnittlauch	089
Porree	090
Erste Hilfe	092
Sommergemüse	094
Strauchtomaten	096
Stabtomaten	098
Zucchini und Kürbisse	100
Freilandgurken	102
Auberginen	104
Paprikas und Chilis	105
Zuckermais	106
Artischocken	108
Erste Hilfe	110
Wurzeln und Knollen	112
Möhren	114
Rote Bete	116
Radieschen	117
Mairüben	118
Pastinaken	119
Kartoffeln	120
Kohlrabi	123
Erste Hilfe	124
Blattgemüse	126
Spinat	128
Mangold	130
Sprossen-Brokkoli	132
Spitzkohl	134
Grünkohl	136
Asia-Gemüse	138
Erste Hilfe	140
Register	142
Danksagung	144

Wählen Sie ertragreiche Pflanzen für Ihren Gemüsegarten, egal, welche Größe er hat. So können Sie rund ums Jahr eine große Vielfalt ernten.

PLANEN, PFLANZEN UND PFLEGEN

Gemüseanbau funktioniert in großen Gärten genauso wie in Töpfen auf der Terrasse. Dieses Kapitel steckt voller praktischer Tipps für eine reiche Ernte: Was kann wann und wo angebaut werden und wie wird es gepflegt.

DEN GEMÜSEGARTEN PLANEN

Fast jeder Platz im Freien ist für den Gemüseanbau geeignet; selbst ein Balkon oder ein Fensterbrett genügen. Überlegen Sie zunächst, wie Sie das Beste aus der Fläche machen können. Das gilt für Bodenbeete, Hochbeete und Töpfe gleichermaßen. Wählen Sie Gemüsearten, die zum Klima passen und Ihnen schmecken. Machen Sie einen Zeitplan für wichtige Aufgaben wie das Vorbereiten des Bodens, das Säen und Pflanzen, damit Sie Erde und Saatgut rechtzeitig parat haben. Eine gute Planung bringt eine üppige Ernte und lässt gleichzeitig Raum für Kreativität. Schließlich kann ein Gemüsegarten genauso attraktiv sein wie ein Ziergarten.

SÄEN UND PFLANZEN

Es gibt wenige Erlebnisse, die so befriedigend sind, wie etwas zu ernten, was man selbst aus Samen gezogen hat. Bei vielen Arten ist das erstaunlich einfach. Die besten Ergebnisse erreichen Sie durch die richtige Aussaat zur passenden Jahreszeit.

Aber selbst eine planlose Aussaat bringt oft gute Ergebnisse. Manchmal ist es besser, gesunde Jungpflanzen zu kaufen und sich bei ungünstiger Witterung einen Vorsprung zu verschaffen. Regelmäßiges Gießen und Düngen sind essenziell, um gesunde und kräftige Pflanzen zu ziehen, die widerstandsfähig gegen Schädlinge und Krankheiten sind.

AUS ERFAHRUNG LERNEN

Erfahrene Gärtner notieren, was sie wann gesät und geerntet haben; was gut und was weniger gut funktioniert hat. So können sie im Nachhinein überlegen, was sie verbessern wollen. Egal, was und wo Sie gärtnern, halten Sie Erfolge und Misserfolge mit Notizen und Fotos fest. Diese Aufzeichnungen geben Aufschluss, was Sie im nächsten Jahr anders machen sollten. Vielleicht haben Sie zu früh ausgesät, Arten ausgewählt, die mit dem Boden nicht zurechtkamen, oder von einer Kultur mehr angebaut, als Sie verwenden konnten. Die Notizen sind außerdem hilfreich, wenn Sie den Gemüsegarten erweitern oder die Anbausaison verlängern wollen.

WARUM EIGENES GEMÜSE ANBAUEN?

Der Gemüseanbau ist in den letzten Jahren immer beliebter geworden. Mehr Menschen machen sich Gedanken über ihre Ernährung und haben erkannt, dass frisch Geerntetes besser ist als alles, was man kaufen kann. Gemüse anzubauen ist einfacher, als viele denken. Starten Sie nicht gleich mit dem Anspruch Selbstversorger zu werden, sondern genießen Sie einfach das frische, saisonale Gemüse.

Bei frisch geerntetem Gemüse ist der Nährstoffgehalt am höchsten. Das macht selbst Angebautes so wertvoll.

FRISCHER GESCHMACK

Gemüse schmeckt besser und ist gesünder, wenn es im eigenen Garten geerntet werden kann. Die Blätter sind dann knackig und saftig. Wurzeln haben ein erdiges Aroma und natürlicher Zucker verleiht Erbsen und Mais eine milde Süße, die gekauften Produkten fehlt. Der gute Geschmack rührt auch daher, dass das Gemüse zum perfekten Zeitpunkt geerntet wird. Im professionellen Anbau ist das nicht immer möglich. Dort werden große Mengen gleichzeitig geerntet und anschließend gelagert, transportiert und verpackt, bis sie aus dem Laden auf den Teller kommen. Der eigene Anbau versorgt uns mit unwiderstehlich leckerem Gemüse, das wir sofort wegknabbern oder zu saisonalen Gerichten verarbeiten können.

> **TOP TIPP** Tauschen Sie Saatgut, Jungpflanzen, Geerntetes, Gartengeräte und Ideen mit Freunden. Das spart Geld und das Gärtnern macht noch mehr Freude.

Frische Salate sind geschmacksintensiv und herrlich knackig. Mit verschiedenfarbigen Sorten entstehen schöne Bilder.

WISSEN, WAS MAN ISST

Wer eigenes Gemüse anbaut, weiß genau, was er auf dem Teller hat; wie es angebaut und behandelt wurde. Die meisten Gemüsegärtner entscheiden sich für den biologischen Anbau. Sie halten Schädlinge mit Netzen und Mischkulturen fern, fördern Nützlinge und stören sich nicht daran, wenn ein paar Blätter angeknabbert sind. Auch die Auswahl von Arten, die zum lokalen Klima passen, und von resistenten Sorten sorgt für gesunde Pflanzen.

Für den eigenen Gemüsegarten können Sie genau die Sorten wählen, deren Geschmack, Farbe und Textur Ihnen am liebsten sind. Außerdem können Sie Arten und Sorten auf die Beete bringen, die man nur selten im Supermarkt kaufen kann oder die teuer sind. Dazu gehören viele Kräuter, aber auch alte Möhrensorten.

Die Vielfalt in Saatgutkatalogen ist größer als in den Gemüseabteilungen.

Gärtnern Sie mit der ganzen Familie. Kinder bewegen sich gern an der frischen Luft und begeistern sich für Pflanzen.

Gartenabfälle, die man selbst kompostiert, landen nicht auf Deponien. Behälter kann man kaufen oder leicht selber bauen.

RESSOURCEN SCHONEN

Das eigene Essen selbst anzubauen führt dazu, dass wir wieder in Kontakt mit der Natur, dem Boden und den Jahreszeiten kommen. Das ist in unserer immer schneller werdenden Welt sehr wohltuend und kommt der Umwelt zugute. Wer nur das erntet, was er gerade benötigt, arbeitet mit statt gegen die Natur. Verpackungen und der Transport vom Acker bis auf den Teller fallen weg. Wird immer nur so viel geerntet, wie gerade gebraucht wird, werden auch weniger Lebensmittel weggeworfen. Zusätzlich führt saisonales Gemüse oft zu einer größeren Kreativität beim Kochen. Organischen Abfall wie Schalen oder Erntereste können Sie ganz einfach kompostieren. Es entsteht nährstoffreiche und feinkrümelige Erde, die im nächsten Jahr auf den Beeten ausgebracht werden kann (S. 46–47).

SPASS HABEN

Egal ob Sie ein paar Töpfe mit Kräutern aufstellen oder einen großen Gemüsegarten anlegen, der eigene Anbau macht einfach Spaß. Beim Stöbern in Saatgutkatalogen eröffnet sich eine Welt voller Sorten, darunter außergewöhnliche und unbekannte. Nehmen Sie sich die Zeit, in den Möglichkeiten zu schwelgen, und machen Sie Pläne. Lassen Sie auch Ihre Kinder auswählen, was angebaut werden soll, dann haben auch sie Pflanzen, die sie säen, ernten und essen können. Die Aussaat und die Pflege bereiten ebenso große Freude, wie zu beobachten, wie die Pflanzen wachsen. Natürlich werden manche Dinge schiefgehen. Aber das ist schnell vergessen, wenn man frisches Gemüse ausgräbt, pflückt oder schneidet.

WELCHES GEMÜSE ANBAUEN?

Die erste Wahl sollten Gemüsearten sein, die Sie gerne essen und die in Ihrer Küche eine große Rolle spielen. Mehrere Faktoren sind wichtig: Manche Gemüsearten, wie Kartoffeln oder Dicke Bohnen, schmecken aus dem eigenen Garten deutlich besser als aus dem Laden. Andere, wie Blattsalate und Kräuter, lassen sich über lange Zeit ernten und sind aus dem Garten deutlich günstiger als aus dem Supermarkt. Mit der Zeit können Sie einschätzen, was in Ihrem Garten gut wächst. Zunächst ist es sicherlich besser, mit bewährten Arten oder regionalen Sorten zu beginnen.

Am Balkongeländer kann man in Pflanztaschen gärtnern.

WIE VIEL PLATZ HABE ICH?

Es gibt viele Tricks, um aus einer kleinen Fläche möglichst viel herauszuholen (S. 24–25), aber bleiben Sie realistisch. Manche Arten brauchen mehr Platz als andere: Salate wachsen kompakt und bringen einen hohen Ertrag; Artischocken dagegen sind große Pflanzen, an denen nur wenig zu ernten ist. Das soll nicht heißen, dass große Pflanzen nicht für kleine Gärten oder Gefäße geeignet sind. Aber es lohnt sich, die Priorität auf solche mit hohem Ertrag zu setzen. Zeichnen Sie einen Plan der Beetflächen. So gehen Sie sicher, dass alle Pflanzen ausreichend Platz haben. Töpfe sind eine Möglichkeit, zusätzliche Anbaufläche zu schaffen.

WAS WÄCHST IN MEINEM GARTEN?

»Setze die richtige Pflanze an den richtigen Platz« lautet eine Regel beim Gärtnern. Einen großen Einfluss darauf, was wachsen wird, hat das lokale Klima. Wärmeliebende Tomaten und Auberginen werden in kühlen Regionen nicht im Freiland gedeihen, während Salate sich in heißen und trockenen Sommern schwer tun. Wählen Sie daher Arten und Sorten, die sich bei Nachbarn, Freunden und in Kleingärten bewährt haben. Wie das Grundstück gelegen ist, bestimmt, wie viel Licht verfügbar ist. Die meisten Gemüsearten wachsen am besten auf sonnigen Plätzen. Betrachten Sie auch den Boden: Einige Kulturen bevorzugen sandige Böden, andere schwere mit hohem Lehmanteil.

> **TOP TIPP** Bauen Sie an windigen Standorten vorwiegend Wurzelgemüse an. Blattgemüse nimmt dort Schaden.

Lehmböden speichern viel Feuchtigkeit und erwärmen sich nur langsam. Kohlarten wie 'Romanesco' wachsen in solchen Böden gut.

WIE VIEL ZEIT KANN ICH DEM GÄRTNERN WIDMEN?

Gemüse anzubauen soll Erholung sein. Haben Sie viele andere Hobbys, starten Sie lieber im kleineren Rahmen und steigern sich nach und nach. Sich den Pflanzen öfter, aber kurz zu widmen, hält die Pflegearbeiten im Rahmen und verhindert, dass das Gärtnern zur Last wird. Bedenken Sie, dass Pflanzen in Töpfen oder unter Glas vor allem im Sommer regelmäßig gegossen werden müssen. Im Boden können sie sich leichter selbst mit Wasser versorgen. Behalten Sie auch Ihre Urlaubspläne im Auge: Es wäre schade, eine große Ernte für den Sommer zu planen und dann festzustellen, dass Sie zu dieser Zeit verreist sind.

Mangold ist eine wunderbare Pflanze für Gärtner mit wenig Zeit. Nach dem Ernten wachsen neue Blätter nach.

WILL ICH DAS GANZE JAHR ÜBER ERNTEN?

Denkt man über die übliche Frühjahrs- und Sommerernte hinaus, kann ein Gemüsegarten Sie das ganze Jahr ernähren und beschäftigen. Wintergemüse wie Pastinaken oder Sprossen-Brokkoli belegen Beete für viele Monate, sind aber wunderbare Kulturen für Zeiten, in denen sonst wenig wächst. Sät man Blattsalate und Wurzelgemüse im Abstand weniger Wochen in kleinen Mengen, verlängert das die Erntezeit. Hilfreich sind auch Jungpflanzen, die man in Töpfen vorzieht und auspflanzt, sobald Beetflächen abgeerntet sind.

GUT ZU WISSEN

Sie sind noch unerfahren im Gemüseanbau? Dann sind diese Arten gut geeignet:
Salate • Radieschen • Kartoffeln • Kräuter • Erbsen • Dicke Bohnen • Knoblauch • Mangold • Grünkohl • Tomaten

Palmkohl 'Nero di Toscana' kann im Winter nach und nach abgeerntet werden. Er übersteht auch leichte Fröste.

Mit vorgezogenen Pflanzen können abgeerntete Beete wieder gefüllt werden.

WAS IST WANN ZU TUN?

Beim Gärtnern geht es vor allem um eine gute Zeiteinteilung. Die Aufzählung unten zeigt, welche Aufgaben während des Jahres anstehen. Durch das regionale Klima und die Wetterbedingungen, die von Jahr zu Jahr stark variieren, können sich die Zeiträume jedoch deutlich verschieben. Mit etwas Erfahrung ist es leicht, den richtigen Zeitpunkt für das Säen, Pflanzen, Abhärten und die Ernte zu erkennen. Um den Gemüseanbau zu lernen, sät man zunächst alle 14 Tage kleine Mengen und beobachtet sie genau. Eine frühere Aussaat führt nicht immer zu einer früheren Ernte.

IM FRÜHLING

Sobald der Boden wärmer ist, wird gesät: als Erstes unempfindliche Arten wie Dicke Bohnen, dann Salate, Radieschen, Erbsen und Frühlingszwiebeln. Letztere benötigen anfangs eventuell einen Schutz. Chilis und Tomaten brauchen Wärme und werden auf der Fensterbank vorgezogen.

Etwas später werden Möhren und Spinat ausgesät, Kartoffeln gelegt und Zwiebeln gesteckt. Unkraut sollte regelmäßig gejätet, zu dichte Saaten müssen ausgedünnt werden. Erbsen benötigen eine Rankhilfe. Beginnen Sie zum Ende des Frühjahrs mit dem Anhäufeln der Kartoffeln und härten Sie vorgezogene Pflanzen ab. Nach dem phänologischen Kalender wird der Frühling in Vorfrühling, Erstfrühling und Vollfrühling eingeteilt.

DAS STEHT JETZT AN
- Robuste Kulturen wie Rote Bete und Erbsen ins Freiland säen
- Kartoffeln legen, Zwiebeln und Schalotten stecken
- Regelmäßig Unkraut jäten

Flüssigdünger versorgen Pflanzen mit allen wichtigen Nährstoffen.

Radieschen gehören zu den ersten Kulturen, die im Vollfrühling geerntet werden können. Ein Durchmesser von etwa 2 cm ist ideal.

IM SOMMER

Jetzt zeigen die Arbeiten im Frühjahr Ergebnisse: Erbsen, Dicke Bohnen, Frühkartoffeln, Rote Bete und vieles andere mehr sind reif. Ernten Sie regelmäßig, haben Sie immer frisches Gemüse. Außerdem wird Platz für weitere Sätze von Salat und Wurzelgemüse frei.

Frostempfindliche Kulturen wie Zucchini, Tomaten und Zuckermais können jetzt direkt ins Freiland gesät oder nach dem Abhärten ausgepflanzt werden. Nun stehen Vorbereitungen für den Rest des Jahres an: Pflanzen Sie Porree,

Grünkohl und Brokkoli für die Ernte im Winter und im folgenden Frühjahr.

In heißen Sommern muss das Gemüse gut mit Wasser versorgt werden. Pflanzen in Töpfen müssen unter Umständen mehrmals täglich gegossen werden. Regelmäßiges Düngen mit Flüssigdünger hält sie kräftig.

Nach dem phänologischen Kalender teilt man den Sommer in Frühsommer, Hochsommer und Spätsommer ein.

DAS STEHT JETZT AN
- Frostempfindliche Pflanzen säen und pflanzen
- Große Vielfalt ernten
- Regelmäßiges Gießen, vor allem von Pflanzen in Töpfen
- Folgesaaten für eine fortlaufende Ernte

IM HERBST

Tomaten, Kürbisse, Zwiebeln und Wurzelgemüse sind reif. In warmen Regionen können noch Dicke Bohnen gesät, Knoblauch gesteckt und Spitzkohl gepflanzt werden. Auf abgeernteten Beeten werden Erntereste ausgegraben und kompostiert.

Sobald die Nächte kühler werden, benötigen späte Aussaaten von Möhren, Salaten und Buschbohnen eine Abdeckung. Nutzen Sie dafür Pflanzglocken oder Vlies. Die Herzen von Artischocken und anderen überwinternden Arten werden mit Mulch geschützt. Auch freie Beetflächen sollten vor dem Winter mit einer dicken Schicht Mulch bedeckt werden.

Nach dem phänologischen Kalender teilt man den Herbst in Frühherbst, Vollherbst und Spätherbst ein.

Kürbisse werden vor dem ersten Frost geerntet. Sie werden am Stiel geschnitten.

DAS STEHT JETZT AN
- Knoblauch und Spitzkohl setzen
- Kürbisse, Zwiebeln, Tomaten und Wurzelgemüse ernten
- Erntereste kompostieren
- Überwinternde Arten schützen

IM WINTER

In den kalten Monaten wird es im Gemüsegarten ruhig. Dennoch stehen noch einige Arbeiten an. Winterharte Kulturen wie Porree, Pastinake und Grünkohl können geerntet und zu Suppen und Aufläufen verarbeitet werden. Die kurzen Tage bieten sich an, um Saatgut auszusuchen und zu bestellen sowie einen Anbauplan aufzustellen. Nähert sich der Winter seinem Ende und ist der Boden nicht zu nass, kann Kompost in die Beete eingearbeitet werden. Kartoffeln werden auf einer hellen Fensterbank vorgekeimt (S. 120); in leichten Böden oder in Töpfen kann Knoblauch gesteckt und Dicke Bohnen können gesät werden.

DAS STEHT JETZT AN
- Planen, was im nächsten Jahr angebaut werden soll
- Ernte der Wintergemüse
- Dicke Bohnen säen
- Kartoffeln vorkeimen

Viele Kohlarten sind winterhart und können selbst bei Frost auf dem Beet bleiben. Man erntet sie nach Bedarf.

WO WOLLEN SIE GÄRTNERN?

Die meisten Gemüsearten sind einjährig. Für eine gute Ernte müssen sie in kurzer Zeit stark wachsen. Dafür benötigen die Pflanzen Sonnenlicht und Wasser sowie einen guten Boden. Bekommen sie all dies, wachsen sie fast überall: in Bodenbeeten, in Hochbeeten oder in Töpfen. Bei der Anlage des Gemüsegartens sind Sie also äußerst flexibel. Nicht geeignet sind Bereiche, die von Bäumen oder Sträuchern beschattet werden. Große Pflanzen wie Gurken oder Tomaten brauchen einen geschützten Platz. An windigen Standorten können sie schnell Schaden nehmen.

IM BODEN

Wer einen lockeren, durchlässigen Boden vorfindet, sollte diese wertvolle Ressource bestmöglich ausnutzen. Eine Möglichkeit ist es, das Gemüse in Einzelreihen auf breiten Beeten anzubauen. Das braucht allerdings Platz; außerdem bleibt ein Großteil des Bodens unbedeckt und muss gejätet werden. Besser geeignet sind schmale Beete, die durch Wege getrennt sind. So müssen Sie das Beet beim Gärtnern nicht betreten und können das Gemüse enger pflanzen. Unkraut hat dann fast keine Chance. Je nach Grundstück können Sie die Beete quadratisch, rechteckig, geschwungen oder kreisförmig anlegen.

KÄLTE UND WIND Vermeiden Sie Bereiche, in denen sich kalte Luft sammelt. Das Gemüse bekommt dort leicht Frostschäden (s. Abbildung rechts). Um empfindliches Gemüse zu schützen, stellen Sie ein Windschutzelement auf oder pflanzen Sie eine Hecke.

PFLANZENMIX Statt die Beete nur für Gemüse zu nutzen, können Sie die Reihen zusätzlich mit einjährigen Sommerblumen und Kräutern füllen und so einen klassischen Bauerngarten gestalten. Oder Sie bereichern bestehende Blumenbeete, indem Sie Gemüsearten mit schönem Laub zwischen die Stauden setzen.

In Bodenbeeten mit schweren, fruchtbaren Böden wachsen ausdauernde Stauden und Kohlarten besonders gut.

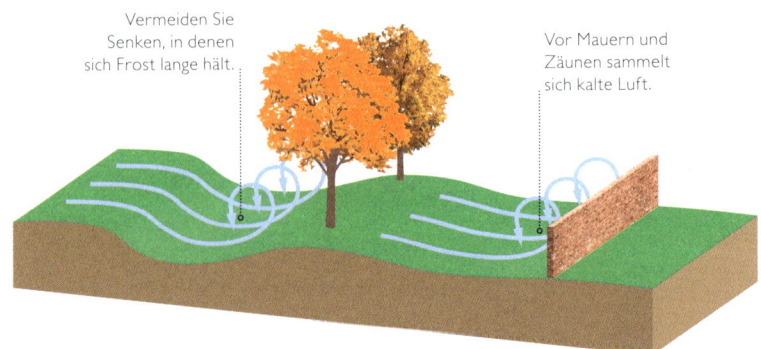

Kalte Luft ist schwerer als warme. Sie sammelt sich in Bodenmulden und am Fuß von Mauern und Zäunen.

IN HOCHBEETEN

Haben Sie schlechten (oder gar keinen) Gartenboden, sind Hochbeete eine gute Lösung. Als Bausatz oder aus vielen Materialien (S. 16–17) können Sie Beete, deren Größe zum Garten passt, bauen und anschließend mit Kompost und guter Erde befüllen. Hochbeete können auf dem offenen Boden, auf Pflasterflächen oder Beton stehen. Durch ihre Höhe fällt das Pflanzen, Jäten und Mulchen leicht. Zusätzlich versickert selbst starker Regen schnell und die Erde wärmt sich im Frühjahr schneller auf als der gewachsene Boden. Daher kann früher gesät werden. Hochbeete können dicht bepflanzt werden, sodass schon im Frühjahr viel geerntet werden kann. Mehrere Hochbeete mit Pflaster- oder Rasenwegen dazwischen ergeben ein schönes Gestaltungselement.

UNTER GLAS

Ein warmer heller Ort ist vor allem im Frühjahr wertvoll, wenn die ersten Jungpflanzen angezogen werden, der Boden aber noch zu kalt ist. In kühlen Regionen ist auch später ein geschützter Ort notwendig, um kälteempfindliche Pflanzen wie Tomaten anzubauen. Nur so sind sie vor Frost geschützt und bekommen genug Wärme, um zu reifen. Wer glücklicher Besitzer eines Gewächshauses ist, sollte es bestmöglich nutzen. Aber auch auf einer sonnigen Fensterbank können Jungpflanzen vorgezogen werden oder, wenn genug Platz vorhanden ist, wärmebedürftige Pflanzen ein Zuhause finden.

Das dichte Pflanzen funktioniert in Hochbeeten gut, denn man kann sie vom Weg aus bearbeiten und muss die Erde nicht betreten.

Tomaten stehen erst auf der Fensterbank und werden dann ausgepflanzt.

IN PFLANZGEFÄSSEN

Gemüse in Töpfen und Ampeln zu ziehen bietet sich vor allem für Terrassen, Hinterhöfe oder Balkone an. Auch in großen Gärten haben sie ihre Berechtigung, denn sie können je nach Bedarf umgestellt werden (der Salat wird in den Schatten gerückt, wenn es zu warm wird). Oder nutzen Sie die Töpfe, um während des Jahres immer neue Gartenbilder zu gestalten. Wählen Sie die Gefäße so groß wie möglich. Dann trocknet die Erde nicht so schnell aus. Das ist wichtig, denn Pflanzen in Töpfen sind darauf angewiesen regelmäßig gedüngt und gewässert zu werden. Mit upgecycelten Gefäßen bekommt Ihr Garten Individualität.

Viele Gemüsearten wachsen gut in Töpfen. Palmkohl gehört dazu.

GUT ZU WISSEN
- Gemüse braucht Sonne. Vermeiden Sie schattige Bereiche neben Gehölzen und Gebäuden.
- Ein durchlässiger Boden ist unverzichtbar. Säen Sie nicht auf Flächen, wo sich Pfützen bilden.
- Starker Wind schädigt zarte Blätter. Schaffen Sie Windschutz und vermeiden Sie Bereiche zwischen Gebäuden, in denen Verwehungen entstehen.

IN HOCHBEETEN

Wenn Sie sich entschieden haben, Ihr Gemüse in Hochbeeten anzubauen, hat das mehrere Vorteile: Es ist leicht zu erreichen und das Pflanzen, Jäten, Gießen geht leicht von der Hand. In Hochbeeten funktioniert die No-Dig-Methode (S. 21) sehr gut, wodurch Sie noch mehr Zeit und Energie sparen. Zwar ist der Bau etwas aufwändig, doch das leichtere Arbeiten gleicht das schnell aus.

Mit ihren klaren Formen passen Hochbeete gut in kleine Stadtgärten.

GRÖSSE UND FORM

Hochbeete ermöglichen es, an nahezu jedem Ort Gemüse anzubauen. Dazu gehören Stadtgärten, gepflasterte Hinterhöfe, sonnige Terrassen und neu bebaute Grundstücke, wo der Boden oft verdichtet ist oder aus Schotter besteht.

Viele Gartencenter verkaufen Bausätze, die in wenigen Minuten zusammengesetzt sind. Mit etwas Geschick können Sie aber auch aus günstigen Materialien ein Hochbeet selber bauen.

In der Länge ist einem Hochbeet nahezu keine Grenze gesetzt. Es sollte jedoch nicht breiter als 1,20 m und mindestens 30 cm hoch sein. So können Sie es vom Rand aus gut bearbeiten und das Gemüse hat genug Platz zu wachsen. Je höher das Beet ist, desto besser wird die Feuchtigkeit in der Erde gehalten und Sie müssen seltener gießen.

Je höher der Rahmen ist, desto einfacher ist es für Menschen mit körperlichen Einschränkungen, darin zu gärtnern.

VORBEREITUNG

Der beste Standort für ein Hochbeet ist ein offener, sonniger Platz. Da es im Sommer öfter gegossen werden muss, achten Sie darauf, dass das Beet gut mit dem Wasserschlauch erreichbar ist. Je größer die Konstruktion, desto mehr Material benötigen Sie, um es zu füllen. Überlegen Sie vorher, wie Sie die Erde transportieren können.

Bereiten Sie die Fläche für das Hochbeet gut vor, bevor Sie es aufstellen und befüllen. Entfernen Sie Unkraut und lockern Sie den Boden. Das verbessert den Luftaustausch und das Abfließen des Wassers. Damit die Wurzeln genug Platz haben, sollten Hochbeete, die auf Beton oder verdichtetem Boden stehen, mindestens 30 cm hoch sein.

In Hochbeeten trocknet und erwärmt sich der Boden schneller. Daher kann man früher im Jahr in ihnen gärtnern.

Regelmäßiges Gießen im Sommer fällt leichter, wenn eine Wasserstelle nah ist.

EIN HOCHBEET BAUEN

Bauen Sie das Hochbeet aus robusten Materialien. Hier wurden Terrassendielen aus Kunststoff verwendet, aber das Bauen funktioniert mit Holz genauso gut. Die Höhe von 30 cm erreichen Sie durch das Übereinandersetzen von zwei Dielen.

SIE BRAUCHEN Säge, Schrauben, Gummihammer, Akkuschrauber und Bits sowie möglichst eine weitere Person

1. Schneiden Sie vier Dielen auf die Beetbreite von 1,20 m zu sowie vier weitere mit der gewünschten Länge des Beetes; außerdem vier 60 cm lange Eckpfosten. Für höhere Stabilität benötigen Beete über 2 m Länge pro Meter zwei zusätzliche Pfosten. Legen Sie die Dielen an ihrer späteren Position aus.
2. Entfernen Sie größere Steine oder Unebenheiten, sodass der Rahmen möglichst gerade liegt.
3. Stellen Sie die Dielen für die untere Reihe auf die schmale Seite und bilden Sie ein Rechteck. Prüfen Sie die Ecken mit dem Winkel. Bohren Sie die langen Dielen vor und verschrauben Sie diese mit den kurzen Seiten.
4. Schlagen Sie die vier Eckpfosten in den Boden und zwar so tief, dass die oberen Enden etwas tiefer liegen, als die oberste Kante des Rahmens später hoch sein wird.
5. Schrauben Sie den ersten Rahmen an die Eckpfosten. Nun setzen Sie weitere Dielen darauf und verschrauben diese ebenfalls.
6. Falls notwendig, schlagen Sie an den langen Seiten die zusätzlichen Pfosten in den Boden und verschrauben Sie die Dielen daran.
7. Füllen Sie das Beet mit einer Mischung aus gutem Mutterboden und torffreier Blumenerde. Nach zwei Wochen hat sich die Füllung gesetzt und kann bepflanzt werden.

GÄRTNERN IN GEFÄSSEN

Mit Pflanzgefäßen können Sie überall dort gärtnern, wo Sie es möchten, und die Größe der Anbaufläche jedes Jahr ganz einfach anpassen. Viele Kulturen können in Kübeln und Töpfen gezogen werden, darunter auch Wurzelgemüse wie Möhren oder Kartoffeln. So werden Balkon und Terrasse zur Vorratskammer. Da Pflanzen in Gefäßen nur begrenzt Erde zur Verfügung steht, müssen sie öfter gedüngt und gegossen werden als solche in Beeten. Aber es gibt auch Vorteile: In Töpfen müssen Sie kaum jäten und Ihre Pflanzen sind vor Schädlingen und Krankheiten etwas geschützt.

GÄRTNERN IN GEFÄSSEN

Nahezu jedes Behältnis, in das man Erde füllen kann, eignet sich zum Gärtnern. Notwendig sind Abzugslöcher, aus denen überschüssiges Wasser abfließen kann. Bei Staunässe faulen die Wurzeln. Wählen Sie das Gefäß passend zur Pflanze, die darin wachsen soll: Große, hungrige Pflanzen wie Kartoffeln, Zucchini und Stangenbohnen benötigen mindestens 50 cm in der Breite und Tiefe. Für flach wurzelndes Gemüse wie Salat, Frühlingszwiebeln und Radieschen genügen 10 cm Tiefe. Je kleiner der Topf ist, desto öfter müssen Sie wässern. Auch das Material, aus dem das Pflanzgefäß besteht, hat einen Einfluss darauf, wie oft Sie gießen müssen. Terrakotta hat viele Poren, über die Feuchtigkeit nach außen abgegeben wird, Metall heizt sich in der Sonne schnell auf. In beiden müssen Pflanzen öfter gegossen werden als in Kunststofftöpfen.

Manche Materialien wie Blei, Asbest, einige Kunststoffe und behandeltes Holz können für Menschen und Pflanzen schädlich sein. Kurz gesagt: Nutzen Sie nur Gefäße, die Sie bedenkenlos verwenden können.

KREATIVE MÖGLICHKEITEN

Stimmen Sie Materialien, Anstriche und Farbtöne aufeinander ab, bekommt Ihr Garten im Handumdrehen einen eigenen Charakter. Die Wirkung wird noch größer, wenn Sie mehrere Gefäße gruppieren und die Vertikale betonen, indem Sie einige Töpfe mit hohen Pflanzen wie Zuckermais und Feuerbohnen bestücken. Blühpflanzen bringen Farbe und locken Bestäuber an. Mit Ampeln und Töpfen, die Sie an der Wand befestigen, bekommt Ihre Gestaltung eine zusätzliche Dimension.

Mit Pflanzgefäßen können aus vernachlässigten Gartenecken fruchtbare Flächen werden.

Kreatives Stapeln von Gefäßen schafft zusätzlichen Platz zum Bepflanzen.

TÖPFE AUFSTELLEN

Die meisten Gemüsearten benötigen viel Wärme und Licht. Als Faustregel gilt: Der sonnigste Platz ist der beste. Blattgemüse und Pflanzen in kleinen Töpfen, deren Erdvolumen schnell austrocknet, bevorzugen an heißen Tagen jedoch etwas Schatten. Stellen Sie die Gefäße so auf, dass alle Pflanzen genug Platz zum Wachsen haben und sich nicht gegenseitig beschatten. Sofern die Gefäße nicht zu schwer sind, optimieren Sie das Arrangement regelmäßig, sodass es immer gepflegt aussieht. Empfindliche Kulturen benötigen Schutz, sobald es kalt wird. Große oder sehr buschige Pflanzen werden vom Wind leicht umgeweht und sollten geschützt stehen. Sie sollten in große schwere Gefäße mit einer kompostreichen Blumenerde gepflanzt und regelmäßig gegossen werden.

> **TOP TIPP** Stellen Sie wärmeliebende Chilis und Auberginen nach drinnen, sobald es im Herbst kühler wird.

DIE RICHTIGE ERDE

Gartenerde enthält Unkrautsamen sowie bodenbürtige Schädlinge und Krankheiten und ist für Gefäße nicht geeignet. Besser sind torffreie Universalerden. Sie bestehen aus Rindenhumus, Kokosfaser, Holzhäcksel und feinem, organischem Material und sind überall erhältlich. Erdklumpen und größere Holzstücke stören bei der Aussaat. Universalerde muss immer gleichmäßig feucht gehalten werden, da sie nur schwer wieder Wasser aufnimmt, wenn sie einmal vollständig durchgetrocknet ist.

Für mehrjährige Pflanzen, die länger in den Gefäßen bleiben, ist ein strukturstabiles Substrat aus Erde, grobkörnigem Sand, kompostiertem organischen Material und Langzeitdünger geeignet.

Möchten Sie eigenen Kompost in Töpfen nutzen, mischen Sie diesen 1:1 mit Mutterboden oder Laubkompost. Die Mischung eignet sich jedoch nicht für die Aussaat. Sie ist zu nährstoffreich und enthält womöglich Sporen von Schadpilzen.

Wärmeliebende Arten wie Paprika und Tomaten wachsen am besten an einem nach Süden ausgerichteten Standort.

PFLANZENSCHUTZ

Pflanzen in Töpfen sind weniger Stressfaktoren ausgesetzt als solche, die im Boden wachsen. Blumenerde wird sterilisiert, um sie von bodenbürtigen Schädlingen und Krankheiten freizuhalten, die in älteren Gemüsegärten zum Problem werden können. In Töpfen stehen meist wenige Pflanzen zusammen. Das macht sie für Schädlinge weniger interessant als solche in dicht gesäten Reihen im Beet. Pflanzen, die auf Balkonen oder anderen erhöhten Stellen stehen, werden kaum von Schnecken, Mäusen und Möhrenfliege befallen. Vor Tauben und Schadinsekten können sie mit Netzen oder Vlies geschützt werden.

Ein Kupferband am Topfrand hält Schnecken fern.

Die Erde sollte zum Gefäß und zur Pflanze passen.

DEN BODEN VORBEREITEN

Der Boden in Ihrem Garten ist eine wertvolle Ressource und muss Jahr für Jahr gepflegt und verbessert werden. Gemüse wächst in vielen Böden. Am besten geeignet sind jedoch solche mit einem hohen Anteil organischer Masse. Diese versorgt die Pflanzen mit allen Nährstoffen, die sie für ein schnelles Wachstum und einen hohen Ertrag benötigen und widerstandsfähig gegen Schädlinge und Krankheiten machen. Ein guter Boden lässt Starkregen schnell versickern, kann aber Wasser für trockene Zeiten speichern. Machen Sie sich mit Ihrem Boden vertraut und nutzen ihn bestmöglich.

DEN BODEN VERBESSERN

Testen Sie Ihren Boden, indem Sie eine Handvoll aufnehmen und zusammendrücken: Lehmiger Boden bildet einen Klumpen und fühlt sich weich an; sandiger Boden fühlt sich trocken an und zerrieselt zwischen den Fingern. Lehm neigt zu Staunässe und kann im Sommer sehr hart werden, aber er speichert Wasser und Nährstoffe gut. Sand trocknet schnell und die Nährstoffe werden leicht ausgewaschen, ist aber leicht zu bearbeiten.

Um lehmige oder sandige Böden zu verbessern, reichern Sie diese im Herbst mit organischer Masse wie Pflanzerde, Kompost oder verrottetem Mist an. Arbeiten Sie diese Materialien ein oder breiten sie auf dem Boden aus und pflanzen direkt hinein. Mit der Zeit entsteht eine nährstoffreiche, dunkle und feinkrümelige Bodenschicht, in der viele nützliche Bodenorganismen leben.

Mischt man Gartenboden (links) und reifen Kompost (rechts), entsteht ein wunderbares, nährstoffreiches und durchlässiges Substrat.

DIE BODENREAKTION Der ideale Gartenboden ist leicht basisch mit einem pH-Wert von 7,5 (7 ist neutral). Viele Böden sind eher sauer. Nährstoffe werden dann schlechter von den Wurzeln aufgenommen und viele nützliche Bodenorganismen sind weniger aktiv; der Boden ist weniger fruchtbar.

Mit einem Testset aus dem Gartenfachhandel können Sie den pH-Wert Ihres Bodens ganz einfach bestimmen. Stellt sich heraus, dass der Boden sauer ist, können Sie ihn mit Kalk neutralisieren. Achten Sie dabei auf die Anwendungshinweise auf der Produktverpackung, denn zu viel Kalk schadet dem Boden.

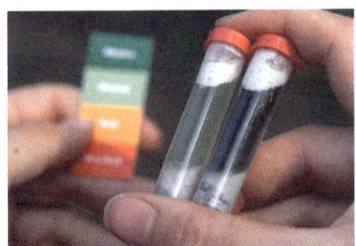

pH-Tests sind leicht durchzuführen und geben Aufschluss über die Bodenqualität.

Kalk wird im Winter gestreut. So entfaltet er seine Wirkung vor der Pflanzzeit.

BEI LEHMBODEN

Lehmböden (oder »schwere« Böden) sind etwas schwerer zu bearbeiten als sandige Böden, denn ihre Struktur wird zerstört, wenn man sie in nassem Zustand betritt oder bearbeitet. Die No-Dig-Methode (s. unten) ist eine einfache Möglichkeit, solche Böden zu verbessern. Wenn Sie umgraben möchten, tun Sie dies im Herbst und lassen Sie den Frost die entstandenen Schollen sprengen. Sand einzuarbeiten ist wenig sinnvoll. Besser ist es, die Bodenstruktur zu verbessern, indem Sie regelmäßig organisches Material einarbeiten.

Trittbohlen schonen den Boden, wenn er in nassem Zustand bearbeitet wird.

UMGRABEN ODER NICHT?

Seit Generationen empfehlen Gärtner das jährliche Umgraben, um den Boden zu lüften, zu lockern und um Nährstoffe einzuarbeiten. Zu häufiges Umgraben führt jedoch dazu, dass das ökologische Gleichgewicht aus Bodenpartikeln, Luftporen und Bodenorganismen zerstört wird und die Pflanzenwurzeln keinen guten Lebensraum haben. Außerdem werden Unkrautsamen ans Licht gefördert, wo sie keimen. Viele Gärtner nutzen daher die »No-Dig-Methode«, die Zeit und vor allem in schweren Böden Kräfte spart.

Immer sollten Sie jedoch den Boden im Herbst mit einer etwa 5 cm dicken Schicht organischen Materials wie reifem Kompost oder Mist bedecken. Bei der traditionellen Bodenbearbeitung werden diese spatentief untergegraben. Bei der No-Dig-Methode bleiben sie auf der Oberfläche liegen. Regenwürmer ziehen sie in den Boden, und Mikroorganismen zersetzen sie. Zusätzlich verhindert die Mulchschicht das Keimen von Unkrautsamen und isoliert den Boden, sodass er wärmer bleibt.

Die No-Dig-Methode ist ideal, um den Boden zu verbessern.

GUT ZU WISSEN

- Haben Sie nicht genug eigenen Kompost und müssen welchen zukaufen, achten Sie darauf, dass dieser nicht mit Herbiziden behandelt wurde.
- Muss der Boden gekalkt werden, weil er zu sauer ist, tun Sie dies im Winter. Der Kalk ist umgesetzt, bevor gepflanzt wird.
- Damit sich Unkraut nicht ausbreitet, jäten Sie möglichst, bevor es Samen ansetzt.

DAS JÄTEN

Unkräuter konkurrieren mit dem Gemüse um Wasser, Licht und Nährstoffe. Legen Sie ein neues Gemüsebeet an, ist es deshalb unerlässlich, alle Teile von ausdauernden Unkräutern zu entfernen, bevor Sie die Fläche mit organischem Material bedecken. Entfernen Sie danach alle Unkräuter regelmäßig mit einer Grabegabel oder einem Rechen. Einjährige Unkräuter verbreiten sich meist über Samen, mehrjährige sowohl über Wurzeln als auch über Samen. Das Jäten ist anstrengend, wird mit der Zeit aber immer leichter, wenn Sie verhindern, dass die ungeliebten Pflanzen Samen bilden.

Lockert man den Boden, können Unkräuter leicht herausgezogen werden.

BESTEN ERTRAG ERZIELEN

Manche Gärtner sind Perfektionisten und wünschen sich makelloses Gemüse in penibel angelegten Reihen. Andere sind eher entspannt und nehmen aus Bequemlichkeit leichte Unordnung in Kauf. Aber wohl jeder Gärtner möchte als Ausgleich für die Mühe, die das Vorbereiten der Beete und Töpfe und die Bodenpflege bereiten, den größtmöglichen Ertrag erzielen. In den folgenden Kapiteln finden Sie Tipps, was die einzelnen Kulturen für ein gesundes Wachstum benötigen. Es werden aber auch allgemeine Anbautechniken vorgestellt, mit denen Sie übers Jahr gesehen die Ernte steigern.

KEINE LEEREN BEETE

Gartenanfänger säen meist im Frühjahr und ernten im Sommer, um dann festzustellen, dass die Beete für den Rest des Jahres ungenutzt bleiben. Um das zu vermeiden, ist Planung notwendig: Notieren Sie, wann die frühen Kulturen erntereif sein werden und welche danach angebaut werden könnten. Säen Sie direkt nach der Ernte einer Kultur die nächste in das Beet. Oder bestücken Sie es mit gekauften oder selbst gezogenen Jungpflanzen. Auf diese Weise können Sie vom Frühjahr bis in den Herbst hinein ernten. Pflegen Sie den Boden, indem Sie die Beete im Herbst mulchen. Lassen Sie beim Ausbringen des Mulchs etwas Abstand zu den Pflanzen, damit die Luft dort frei zirkulieren kann.

IN SÄTZEN AUSSÄEN

Bei dieser einfachen Technik werden im Abstand von 2–3 Wochen jeweils nur kleine Mengen Saatgut ausgesät. So können Sie über einen langen Zeitraum durchgehend ernten. Anfänger ignorieren die Aussaat in Sätzen meist, bis sie irgendwann auf einmal Unmengen einer Gemüseart ernten.

Der Anbau in Sätzen hat außerdem den Vorteil, dass nicht die ganze Ernte verloren ist, wenn eine Aussaat misslingt, weil es zu früh oder der Boden zu trocken war. Und Sie können dabei wunderbar Erfahrungen sammeln, wie sich unterschiedliche Bedingungen auf Keimung und Wachstum auswirken.

Stehen die Pflanzen dicht im Beet, erreicht man maximalen Ertrag und es kommt kaum Unkraut durch.

Der nächste Satz wird gesät, wenn der vorherige zu keimen beginnt.

2-IN-1-ANBAU

Durch Mischkultur, also das Kombinieren von Gemüsearten, die unterschiedlich schnell reifen oder unterschiedlich wachsen (s. Tabelle rechts), können Sie zwei Kulturen in einem Beet anbauen. So kann eine schnellwachsende Art die freie Beetfläche zwischen langsam keimenden oder wachsenden Arten füllen. Bevor beide um den Platz konkurrieren würden, ist die erste bereits geerntet. Beispiele sind Radieschen, die zwischen Pastinaken gesät werden, oder Pflücksalat, den man zwischen große Kohlpflanzen setzt.

Bei Untersaaten wird der Platz unter großen Pflanzen genutzt, um niedrige oder bodendeckende Arten anzubauen. So können zwischen jungen Stangenbohnen Salate und Rübchen gedeihen oder rankende Kürbisse unter schlanken Zuckermaispflanzen. Beide Arten des 2-in-1-Anbaus funktionieren nur auf fruchtbarem Boden. Wahrscheinlich müssen Sie auch mehr gießen, dafür aber weniger jäten.

GUTE MISCHKULTURPARTNER

LANGSAM	SCHNELL
Knoblauch	Radieschen
Porree	Kohlrabi
Kohl	Rote Bete
Zwiebeln	Pflücksalat

ANBAU MIT UNTERSAATEN

HOCH	NIEDRIG
Stabtomaten	Basilikum
Brokkoli	Radicchio
Zuckermais	Buschbohnen
Stangenbohnen	Spinat

Hier wurde schnell wachsender Pflücksalat zwischen die langsamer wachsenden Pastinaken gepflanzt.

FRUCHTWECHSEL

Der Fruchtwechsel ist eine alte Methode, bei der Gemüsearten einer Familie jedes Jahr auf einem anderen Beet angebaut werden. Das verhindert, dass sich Schädlinge und Krankheiten im Boden etablieren, und führt dazu, dass das Nährstoffverhältnis wieder ausgeglichen wird.

Der Fruchtwechsel läuft meist über drei oder vier Jahre. Dabei werden Kohl (*Brassicaceae*), Hülsenfrüchte (*Fabaceae*), Wurzelgemüse sowie Tomaten und Kartoffeln jedes Jahr auf eine neue Fläche gepflanzt. Andere Arten wie Salate werden zwischen diesen Kulturen eingeplant. Stehen viele Beete zur Verfügung, ist der Fruchtwechsel leicht einzuhalten. Aber auch in kleinen Gärten sollten Sie darauf achten, dass eine Kultur nicht zwei Jahre in Folge auf dem selben Beet angebaut wird.

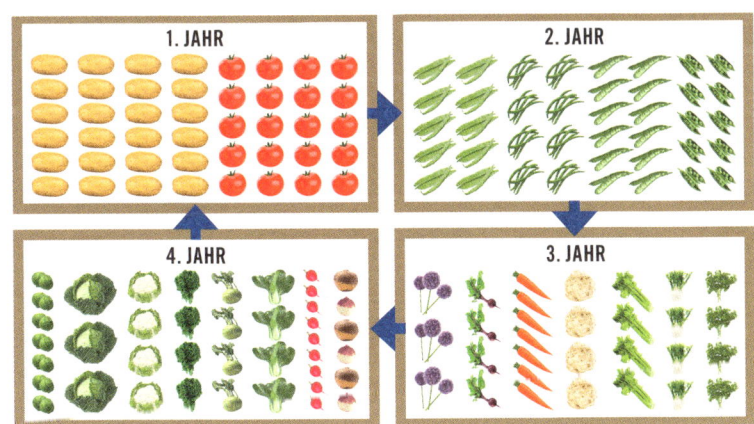

Der Ablauf des Fruchtwechsels hängt davon ab, welches Gemüse angebaut wird. Dieses Beispiel läuft über vier Jahre.

1. JAHR Kartoffeln • Tomaten
2. JAHR Hülsenfrüchte • Dicke Bohnen • Buschbohnen • Erbsen • Feuerbohnen
3. JAHR Zwiebeln • Rote Bete • Möhren • Sellerie • Fenchel • Petersilie • Wurzelgemüse
4. JAHR Kohlgemüse • Rosenkohl • Kopfkohl • Blumenkohl • Grünkohl • Kohlrabi • Asia-Gemüse • Radieschen • Steckrüben • Rübchen

IN KLEINEN GÄRTEN

Auch auf kleiner Fläche können Sie viele Pflanzen unterbringen und so ein grünes Paradies schaffen, in dem es reichlich Essbares zu ernten gibt. Nutzen Sie jedes Fleckchen Erde bestmöglich und werden Sie erfinderisch, was das Gärtnern in Töpfen und in der Vertikalen betrifft. Ein Nutzgarten kann sehr ansprechend aussehen, wenn Sie die Pflanzen nach den gleichen Gesichtspunkten auswählen wie für den Ziergarten. Arten mit schönem Laub wie Mangold und Grünkohl bringen Farbe und Struktur; Erbsen und Zucchini sorgen für Blüten und Tomaten und Chilis für leuchtende Farben.

DEN BODEN VERBESSERN

Gärtnern Sie in Beeten, sollte der erste Schritt sein, den wertvollen Boden mit reifem Kompost zu verbessern (S. 46–47). Das macht ihn fruchtbarer und er kann Wasser besser speichern, was zu einer größeren Ernte führt. Legen Sie lieber kurze Reihen in Blöcken an statt einzelne lange. So passen mehr Pflanzen aufs Beet. Lassen Sie sich aber nicht dazu verleiten, enger zu säen und zu pflanzen als empfohlen. Die Ernte fällt geringer aus und die Pflanzen sind weniger widerstandsfähig gegen Krankheiten. Planen Sie sorgfältig, bevor Sie mit dem Pflanzen beginnen: Größer werdende Arten sollten kleiner bleibenden nicht das Licht nehmen.

DIE VERTIKALE NUTZEN

Nutzen Sie alle Dimensionen des Gartens, auch die Vertikale. Die einfachste Möglichkeit sind Kletterpflanzen wie Bohnen oder Kürbisse an Stangen, Rankgittern oder Bögen. Hochwachsende Arten bringen Struktur in den Garten und tragen gleichzeitig zu einer höheren Ernte bei, indem sie das Sonnenlicht nutzen, das kleinere Pflanzen nicht erreicht. Sie können sie außerdem nutzen, um einen Sichtschutz für Mülltonnen oder den Komposthaufen zu gestalten oder hässliche Wände oder Zäune zu verdecken. Auch Pflanzgefäße, die Sie auf eine stabile Konstruktion stellen, sind eine Möglichkeit. Dazu eignen sich Fensterbretter, Sockel oder – sehr trendy – alte Holzleitern. Als Pflanzgefäße eignen sich alle möglichen alten Behältnisse, wie Kochtöpfe und Pfannen, Blechdosen oder Holzkisten. Sie sollten Abzugslöcher haben, nicht aus gesundheitsschädlichen Materialien bestehen und nicht mit Holzschutz behandelt sein.

Hochbeete sind eine effektive Möglichkeit auf kleiner Fläche zu gärtnern.

Auch auf kleinen Terrassen kann viel wachsen, wenn man kletternde und hängend wachsende Pflanzen nutzt.

DIE UMGEBUNG PRÜFEN

Stadtgärten grenzen meist an mindestens einer Seite an Gebäude oder Bäume. Diese haben Einfluss auf Sonne, Regen und Wind. Beobachten Sie, welche Bereiche des Gartens zu welcher Uhrzeit in der Sonne liegen. Der sonnigste Platz sollte immer dem Gemüse vorbehalten sein. Streichen Sie Mauern und Zäune weiß, dann wirken schattige Ecken heller. Wählen Sie für warme Plätze im Süden Sonnenkinder wie Tomaten, Chilis, Zuckermais, Gurken und Basilikum. Mangold, Salat und Spinat kommen mit weniger Licht aus und vertragen schattigere Plätze. Bei Pflanzen, die im Windschatten von Wänden stehen, reicht der Regen oft nicht aus. In solchen Bereichen müssen Sie zusätzlich gießen.

Eine weiß gestrichene Wand reflektiert das Sonnenlicht hin zum Gemüse.

TOP TIPP Zwischen Mauern oder Gebäuden kann Wind besonders stark werden und größere Pflanzen schädigen. Rankgerüste mit Kletterpflanzen schwächen die Böen ab.

GUT ZU WISSEN
Gute Arten für kleine Gärten
- Schnell erntereif: Radieschen, Salate, Asia-Gemüse, Frühlingszwiebeln, Kräuter
- Buschig wachsend: Chilis, Auberginen, Buschbohnen
- Viel zu ernten: Zucchini, Kartoffeln, Tomaten
- Kletternd: Feuerbohnen, Erbsen, Gurken, Kürbisse

PALETTENGÄRTEN BAUEN

Mit ein wenig handwerklichem Geschick, einem Stück Unkrautvlies und einem Tacker (oder Dachpappenägeln und Hammer) wird aus einer Palette ein vielseitig nutzbares, vertikales Beet. Paletten gibt es in viele Formen. Am besten geeignet sind solche mit einem großem Abstand zwischen den Verstrebungen. Legen Sie die Palette mit der Oberseite auf den Boden und tackern Sie das Gewebe an die Innenseite der Querstreben. Lassen Sie das Gewebe so locker, dass Taschen entstehen, die später mit Erde gefüllt werden können.

Nun tackern Sie das Gewebe an die horizontalen Streben am Rand, sodass die Erde rechts und links nicht herausfallen kann. Stellen Sie die Palette vor eine sonnige Südwand und befestigen Sie sie mit Schrauben oder Kabelbindern. Steht sie sicher und gerade, befüllen Sie die Pflanztaschen mit einer Universalerde.

Unkrautvlies an die Querstreben tackern

Unkrautvlies an die seitlichen Streben tackern

Das Gewebe so locker hängen lassen, dass Taschen entstehen

Die Taschen mit Universalerde füllen

Das Unkrautvlies wird so an die Streben getackert oder genagelt, dass die Taschen mit Erde gefüllt werden können.

Größere oder buschige Pflanzen kommen nach oben.

Pflücksalate und kompakt wachsende Kräuter eine Ebene tiefer

Die Erde muss immer gut feucht gehalten werden.

Flachwurzler Gemüse wie Salate, Radieschen und Pak Choi sind bestens für den Palettengarten geeignet.

GÄRTNERN MIT DER FAMILIE

Haben Kinder einmal mit dem Gärtnern begonnen, bereitet ihnen das Graben und Säen, das Beobachten wie Pflanzen wachsen und die Ernte große Freude. Zudem ist es bereichernd und bildend. Dank ihres Tatendrangs sind Kinder oft erfolgreiche Gärtner. Ein eigenes Stück Garten und das damit verbundene Arbeiten an der frischen Luft erfüllt sie mit Stolz. Nicht selten erwächst daraus eine lebenslange Liebe zum Gärtnern. Wählen Sie Gemüsearten, die einfach anzubauen sind, schnell wachsen und eine sichere Ernte versprechen. So bleiben Kinder die ganze Gartensaison über am Ball.

KINDER EINBEZIEHEN

Ermuntern Sie Ihre Kinder schon vor der Gartensaison, sich Bücher und Internetseiten anzusehen und zu überlegen, was sie anbauen wollen. Sind sie bei der Planung von Anfang an involviert, bleiben Kinder meist länger dabei. Teilen Sie jedem Kind einen Bereich zu, für den es selbst verantwortlich ist und den es so gestalten kann, wie es möchte. Jüngere Kinder lieben es, wenn sie eigene kleine Geräte bekommen. Investieren Sie in eine Pflanzschaufel, eine Handhacke und eine Gießkanne. Dann brauchen Sie Ihre eigene auch nicht immer zu suchen.

PASSENDE GEFÄSSE

Topfgärten sind eine sichere Sache. Sie sind schnell bepflanzt, einfach zu pflegen und können bei schlechtem Wetter an einen geschützten Platz gebracht werden. In ungewöhnlichen Behältern wie Küchensieben, Wäschekörben, Kisten oder Gummistiefeln macht das Gärtnern noch mehr Spaß. Kleiden Sie diese mit alten Erdsäcken aus und sorgen Sie am Boden für Abzugslöcher. Kinder verstehen, dass es wichtig ist, Materialien weiter- oder wiederzuverwenden. Nutzen Sie den Pappkern von Klopapierrollen, Eierkartons oder Joghurtbecher für die Aussaat.

Eierkartons und Klorollen sind biologisch abbaubar und gute Aussaatschalen.

Kleine Gießkannen sind leicht. Auch Kinder können sie füllen und tragen.

Sind Kinder schon an der Aussaat beteiligt, erleben sie den ganzen Lebenszyklus von Pflanzen.

DAS MACHT SPASS

Beginnen Sie mit dem Anbau von schnell wachsenden Gemüsearten wie Radieschen, Rübchen, Rucola, Spinat und Erbsen, bei denen zwischen Aussaat und Ernte nur wenig Zeit vergeht. Kletternden Pflanzen wie Gurken oder Feuerbohnen kann man fast beim Wachsen zusehen und das Pflücken macht Spaß. Tomaten, Zuckermais, Erbsen, Möhren und Rote Bete sind wegen ihrer leichten Süße bei Kindern besonders beliebt. Auch Zucchini sind gut geeignet, weil es mit wenig Aufwand viel zu ernten gibt – eine Pflanze pro Kind genügt. Bunte Kürbisse werden über den Sommer schnell dicker, kleinere Sorten wirken wie Christbaumkugeln, wenn man die Pflanzen an Rankgittern zieht. Kartoffeln sollten im Familiengarten auf keinen Fall fehlen. Der Anbau funktioniert im Beet wie im Topf gut und die Ernte ist die reinste Schatzsuche.

TOP TIPP Wählen Sie für kleine Kinderhände Gemüsearten mit großen Samen und solche, die schnell und zuverlässig keimen.

Thematische Pflanzungen zeigen Kindern den Sinn des Gärtnerns.

DER PIZZAGARTEN

Hier wird die Verbindung zwischen Pflanzen und Essen sofort klar: Als Belag für eine leckere selbstgemachte Pizza braucht man Tomaten, Zwiebeln, Chilis, Oregano und Basilikum. Alle wachsen im Sommer unter ähnlichen Bedingungen und gedeihen gut zusammen in einem großen Kübel oder auf einem Beet. Falls Ihre Kinder keine Pizza mögen, überlegen Sie sich andere Themengärten, die zu deren Vorlieben passen. Wie wäre es mit Frühlingszwiebeln, Asia-Salaten und Zuckererbsen für eine Gemüsepfanne?

GUT ZU WISSEN
- Ziehen Sie Ihren Kindern alte Kleidung und feste Schuhe an.
- Beaufsichtigen Sie sie, wenn sie scharfe Geräte benutzen.
- Kinder machen sich dreckiger als Erwachsene. Lassen Sie sie nicht auf frisch gedüngte Flächen. Zum Schluss Hände waschen!
- Zeigen Sie Kindern, was essbar ist. Meist ist das die ganze Pflanze, aber die Blätter von Tomaten und Kartoffeln sind giftig.

Radieschen keimen im Frühling und Sommer nach wenigen Tagen und können nach etwa einem Monat geerntet werden.

GEMÜSE AUSSÄEN

Gemüse aus Samen zu ziehen, kostet weniger, als Jungpflanzen zu kaufen, und Sie können aus einer riesigen Sortenvielfalt auswählen. Viele Kulturen können direkt im Freiland gesät werden, andere sollten Sie im Haus vorziehen und erst später ins Freie pflanzen (S. 32–33). Arten, die etwas Kälte vertragen, können Sie säen, sobald der Boden sich erwärmt hat (das erkennen Sie daran, dass die Unkräuter sprießen); oder sogar noch früher, wenn Sie sie mit Vlies abdecken. Empfindlichere Gemüsearten wie Feuerbohnen sollten erst nach den letzten Frösten ausgesät werden.

AUSSAAT IN BEETEN

Es gibt wenig, das so befriedigend ist, wie zu beobachten, wie Pflanzen immer größer werden. Säen Sie in warmen und feuchten Boden und wählen Sie einen windstillen Tag, damit die kleinen Samen nicht wegwehen. Ist der Boden trocken, wässern Sie ihn vor der Aussaat. Unkraut und keimendes Gemüse können Sie am besten unterscheiden, wenn Sie in geraden Reihen säen.

VORBEREITUNGEN Schaffen Sie eine feinkrümelige Bodenoberfläche, indem Sie mit einem Rechen Erdklumpen aufbrechen und Steine entfernen. Ziehen Sie nun Rillen hinein. Die zarten Keimlinge mit ihren feinen Wurzeln können nun leicht wachsen.

DIE AUSSAAT SCHRITT FÜR SCHRITT

1 Spannen Sie mit Stöcken eine Schnur über das Beet. Sie markiert die Saatreihe.
2 Ziehen Sie mit einer Pflanzkelle oder einer Hacke eine v-förmige Rille in den Boden. Je nach Pflanzenart sollte sie 1–5 cm tief sein.
3 Streuen Sie kleine Samen locker in die Rille. Größere werden im empfohlenen Abstand hineingelegt.
4 Schließen Sie die Furche mit der Rückseite einer Hacke oder mit den Händen. Markieren Sie die Reihe und wässern Sie sie durchdringend.

UMGANG MIT SAMEN

Manche Samentütchen enthalten mehrere hundert Körner, andere nur fünf. Damit keines verloren geht, klopfen Sie die Packung vor dem Öffnen auf den Tisch, sodass sich die Samen am Tütenboden sammeln. Kleine Samen wie die von Möhren und Salat sind einfacher zu säen, wenn Sie sie in eine Hand schütten und mit Daumen und Zeigefinger der anderen Hand ausstreuen. Größere, wie die von Roter Bete und Dicken Bohnen, können einzeln in die Reihe gelegt werden. Nach dem Aussäen füllen Sie die überzähligen Samen wieder in das Tütchen und verschließen es sorgfältig.

GUT ZU WISSEN
- Markieren Sie die Saatreihen direkt nach der Aussaat.
- Bauen Sie Rankhilfen vor oder direkt nach dem Aussäen auf.
- Halten Sie die Reihen unkrautfrei. So muss das Gemüse nicht um Wasser und Nährstoffe konkurrieren.

Das Saatgut aus der Tüte erst in die Hand zu streuen, hilft, es kontrollierter auszubringen.

Im Topf sät man die Samen gleich im empfohlenen Abstand.

AUSSAAT IN TÖPFEN

Wie Sie beim Aussäen in Pflanzgefäßen vorgehen, hängt von der Gemüseart ab. Kleine Samen von Blattsalat streuen Sie locker aus und bedecken sie anschließend mit wenig Erde. Für größere Samen von Dunkelkeimern drückt man ein Loch in der passenden Tiefe in die Erde, legt zwei oder drei Samen hinein und füllt die Vertiefung mit Erde. Anschließend kräftig gießen.

AUSDÜNNEN

Einmal gekeimt, wachsen die Gemüsepflanzen schnell und bedrängen sich gegenseitig. Sie sollten daher auf den empfohlenen Abstand ausgedünnt werden. Beginnen Sie damit, sobald die Pflänzchen groß genug sind, um sie abzuknipsen oder aus dem Boden zu ziehen. Dünnen Sie nicht zu stark aus. So haben Sie eine Reserve, falls Pflänzchen krank werden. Drücken Sie die Erde anschließend vorsichtig wieder fest. Die ausgezupften Keimlinge von Salaten, Roter Bete, Möhren und Grünkohl können Sie in den Salat mischen.

TOP TIPP Decken Sie Aussaaten mit einem Netz ab, damit Katzen oder Vögel die Samen nicht freischarren.

Schwache Pflanzen werden als Erste entfernt. Nach zwei bis drei Wochen sollten nur noch Pflanzen im endgültigen Abstand übrig sein.

GEMÜSE AUS JUNGPFLANZEN

Statt direkt in die Beete zu säen, können Sie Jungpflanzen kaufen oder diese selber ziehen (S. 32–33). Die Vorkultur drinnen hat gegenüber der Aussaat mehrere Vorteile: Sie brauchen sich keine Sorgen zu machen, dass die Samen nicht aufgehen, dass die Keimlinge von Tieren gefressen oder durch Niederschläge geschädigt werden. Außerdem können Sie früher pflanzen und ernten. Möchten Sie Jungpflanzen kaufen, ist die Auswahl im Vergleich zum Sortiment bei Saatgut jedoch wesentlich kleiner.

GESUNDE PFLANZEN ERKENNEN

Achten Sie darauf, dass die Pflanzen kräftig und gedrungen gewachsen sind und dunkelgrüne Blätter haben. Kümmerliche Exemplare mit gelben oder braunen Flecken lassen Sie lieber stehen. Ein dichtes Wurzelwerk, das unten aus dem Topf herauswächst, ist ein Zeichen dafür, dass die Pflanze schon (zu) lange im Topf steht. Kaufen Sie empfindliche Zucchini- oder Chilipflanzen auch nicht da, wo sie an kalten Tagen draußen stehen. Schließlich sollen vorgezogene Jungpflanzen das Gärtnerleben erleichtern. Gestresste Pflanzen oder solche, die Krankheiten in den Garten einschleppen, bewirken das Gegenteil.

Aus Plastikflaschen können Sie Pflanzglocken oder Fraß-Schutz basteln.

ABHÄRTEN

Jungpflanzen aus dem Gewächshaus oder von der Fensterbank sind an Wärme gewöhnt und würden ernsthafte Schäden davontragen, wenn sie von dort aus direkt ins Freiland gepflanzt würden. Vermeiden Sie dies, indem Sie die Zöglinge ein bis zwei Wochen vor dem Auspflanzen »abhärten«. Dabei werden sie jeden Tag ein wenig länger nach draußen gestellt und abends wieder ins Haus geholt. Eine andere Möglichkeit ist es, die Jungpflanzen nach dem Auspflanzen mit Pflanzglocken zu schützen. Das Abhärten ist vor allem bei mediterranen Gemüsearten wichtig, die empfindlich gegenüber Wind und Kälte sind.

Jungpflanzen sollten frisch aussehen. Welke Blätter und sehr trockene Erde sind ein Zeichen, dass die Pflanzen vernachlässigt wurden.

GEMÜSE PFLANZEN

Befreien Sie die Fläche vor dem Auspflanzen gründlich von Unkraut. Ebnen Sie dann die Oberfläche ein. Der Pflanzballen sollte gut feucht sein. Das Auspflanzen in Beete und Kübel folgt dem gleichen Ablauf.

DAS PFLANZEN SCHRITT FÜR SCHRITT

1 Ziehen Sie vorsichtig am Haupttrieb oder decken Sie die Erde mit der flachen Hand ab, drehen den Topf um und drücken Sie die Pflanze heraus. Versuchen Sie, den Ballen möglichst heil aus dem Topf zu bekommen.
2 Graben Sie mit einer Pflanzkelle oder mit der Hand ein Loch in der Größe des Topfes. Stellen Sie die Pflanze so hinein, dass sie gerade steht.
3 Füllen Sie Erde um die Wurzeln und drücken Sie diese fest an. Die Pflanze sollte jetzt so tief im Boden stehen, wie sie voher im Topf stand.
4 Gießen Sie nun kräftig an. Dabei wird die Erde an die Wurzeln geschwemmt. Wiederholen Sie die Schritte für alle Pflanzen und achten Sie dabei auf den empfohlenen Pflanzabstand.

TOP TIPP Schützen Sie die frischen zarten Blätter der neu gesetzten Pflanzen mit Schneckenfallen oder Netzen vor gefräßigen Feinden.

PFLANZEN BESTELLEN

Bekommen Sie in Ihrer Nähe nicht die Jungpflanzen, die Sie sich wünschen, können Sie sie online bestellen. Prüfen Sie, ob Sie Pflanzen mit Pressballen bekommen, die Sie vor dem Auspflanzen noch topfen müssen, oder größere in 9-cm-Töpfen. Erkundigen Sie sich, wann die Pflanzen versendet werden, wenn Sie mehr als eine Gemüseart bestellen. Und bestellen Sie so, dass Sie das Paket direkt in Empfang nehmen können. Die Pflanzen müssen so schnell wie möglich ausgepackt werden.

Professionelle Gärtnereien verschicken kräftige und gut verpackte Pflanzen.

PFLANZKALENDER

Vor- bis Erstfrühling
Rote Bete, Dicke Bohnen, Salate, Zwiebeln, Erbsen

Vollfrühling bis Frühsommer
Auberginen, Kopfkohl, Chili, Zucchini, Garten- und Feuerbohnen, Porree, Paprika, Zucchini, Zuckermais, Tomaten

Hochsommer bis Frühherbst
Grünkohl, Asia-Gemüse, Spitzkohl, Brokkoli, Wintersalate

VORZIEHEN IM HAUS

Gemüse auf der Fensterbank vorzuziehen mag im Vergleich zur Direktsaat im Freien aufwändig erscheinen, aber es hat einige Vorteile. Der größte ist, dass die Temperatur kontrolliert werden kann, was zu einer gleichmäßigeren Keimung führt. Außerdem erleichtert es den Anbau von langsam wachsenden Gemüsearten und solchen, die kälteempfindlich sind und nicht vor den Eisheiligen ausgesät werden könnten. Wenn Sie länger und in größerem Maßstab gärtnern, könnte es sich lohnen, in ein kleines Gewächshaus zu investieren. Dann haben Sie mehr Platz zur Verfügung.

Untersetzer schützen Fensterbänke vor Feuchtigkeit.

AUF DER FENSTERBANK

Ein helles Fensterbrett in einem warmen Zimmer bietet gute Voraussetzungen für die Anzucht in Töpfen oder Multitopfplatten. Verschließen Sie die Gefäße einzeln mit Plastikfolie oder stellen Sie sie in Zimmergewächshäuser. So bleibt die Erde feucht und warm. Sobald sich Keimlinge zeigen, sollte die Abdeckung entfernt werden. Drehen Sie die Töpfe täglich ein wenig, sodass die Sämlinge nicht nur in eine Richtung wachsen. Ziehen Sie Vorhänge nachts nicht zu. Am Fenster sammelt sich sonst die kalte Luft. Und beginnen Sie mit dem Vorziehen nicht zu früh. Müssen die Pflänzchen zu lange auf das Auspflanzen warten, werden sie dünn, lang und blass.

BEHEIZTE ANZUCHT

Jegliche Form von Wärme beschleunigt die Keimung. Beheizbare Zimmergewächshäuser sorgen für gleichmäßig hohe Temperaturen in Anzuchttöpfen oder -schalen und sind daher ein perfektes Hilfsmittel. In kalten Räumen wie einem Windfang, einem Wintergarten oder einem Gewächshaus verhelfen sie der Erde zumindest zu etwas Wärme, in beheizten Räumen lassen sich Temperaturen von über 21 °C erreichen, die für die Anzucht von wärmeliebenden Arten wie Chilis und Auberginen notwendig sind. Wärme von unten macht die Anzucht auch besser steuerbar. Sie können die Aussaaten dann so timen, dass Sie die Pflänzchen genau dann zur Verfügung haben, wenn Sie sie brauchen. Im Gartenfachhandel gibt es zahlreiche günstige Modelle. Einige sind so schmal, dass sie auf die Fensterbank passen.

TOP TIPP Pflanzen Sie Sämlinge nach und nach in größere Töpfe, damit sie immer genug Platz haben zu wachsen. Das ist besonders wichtig, wenn kalte Tage anstehen und sie nicht ausgepflanzt werden können.

Beheizte Zimmergewächshäuser verursachen nicht viele Kosten. Modelle mit Temperaturautomatik sind besonders praktisch.

IN MULTITOPFPLATTEN

Multitopfplatten bestehen aus vielen Vertiefungen, in denen die Pflanzen gezogen werden, und sind die einfachste Möglichkeit, Jungpflanzen mit Ballen zu ziehen. Die Anschaffung der Platten lohnt sich, denn die Pflänzchen stehen darin in gleichmäßigen Abständen und machen sich gegenseitig keine Konkurrenz. Beim Auspflanzen wird der gesamte Ballen herausgenommen, was die Wurzeln schont. Die meisten Multitopfplatten bestehen aus recyceltem Kunststoff und lassen überschüssiges Wasser gut ablaufen.

DIE AUSSAAT SCHRITT FÜR SCHRITT

1 Bereiten Sie die Platten vor, indem Sie die Anzuchterde über die Platte streuen und sie dann mit den Fingern in die Töpfe drücken. Füllen Sie Erde nach, bis die Platte voll ist.
2 Drücken Sie mit einem Stab oder einem Stift ein Loch in Saattiefe in die Mitte jedes Topfes.
3 Legen Sie einen Samen in jedes Loch, decken Sie alles mit Erde ab, beschriften und gießen Sie die Aussaat. Jetzt kann die Platte aufs Fensterbrett.

PFLANZEN IM FREIEN SCHÜTZEN

Haben Sie im Haus keinen Platz für die Aussaat, sind kleine Anzuchthäuser eine gute Lösung. Einfache Modelle bestehen aus einem Regal und einer durchsichtigen Folie. Stabilere haben einen Rahmen aus Holz oder Metall und sind mit Kunststoffplatten oder Glas gedeckt. Solche Anzuchthäuser schützen die Aussaaten vor Kälte, müssen aber häufig gelüftet werden. Sonst schädigen die extremen Temperaturunterschiede die Pflanzen.

GLASHÄUSER Diese Konstruktionen sind teurer, aber auch stabiler. Sie sind für die Anzucht geeignet, aber auch für den Anbau von wärmeliebenden Pflanzen wie Tomaten und Paprika in kühlen Regionen.

Glashäuser müssen tagsüber gelüftet werden, um die Temperatur zu regeln.

TOP TIPP Halten Sie in lokalen Kleinanzeigen Ausschau nach Gewächshäusern. Manchmal werden sie verschenkt, wenn man sie selbst abbaut und abholt.

GUT ZU WISSEN

- Sobald ein Pflänzchen zu sehen ist, brauchen Aussaaten so viel Licht wie möglich. Direktes Sonnenlicht an einem Südfenster kann mittags zu intensiv sein.
- Regelmäßiges Lüften ist wichtig, um einen Befall zum Beispiel mit Fäulnispilzen zu verhindern. Entfernen Sie daher die Abdeckung von Anzuchtkästen und Töpfen, sobald die Samen gekeimt sind, und stellen Sie die Pflanzen nicht zu dicht nebeneinander.
- Prüfen Sie täglich, ob die Erde feucht genug ist, und gießen Sie Pflanzen im Haus regelmäßig.
- Härten Sie alle Pflanzen, die im Haus gezogen wurden, etwa zwei Wochen ab, bevor Sie sie ins Freie setzen.

DÜNGEN

Um reichlich gesundes und schmackhaftes Gemüse zu liefern, benötigen Pflanzen während ihrer gesamten Lebensspanne Nährstoffe. Die Hauptnährstoffe sind Stickstoff, Phosphor und Kalium. Andere wie Eisen und Magnesium sind für das Wachstum genauso wichtig, werden aber nur in kleinen Mengen benötigt. Es gibt Dünger, die auf die Bedürfnisse bestimmter Pflanzen abgestimmt sind. Allerdings kann der Kauf schnell ins Geld gehen und die Wirkung ist nicht zu vergleichen mit der, die ein gut gepflegter Boden hat, der jährlich mit organischer Masse angereichert wird.

DEN BODEN NÄHREN

Erfahrene Gärtner schwören auf den Grundsatz »Nähre den Boden und die Pflanzen ernähren dich«. Gemeint ist, dass Pflanzen alle notwendigen Nährstoffe zur Verfügung stehen, wenn sie in einem fruchtbaren Boden wachsen, der jedes Jahr mit Kompost und Mist aufgewertet wird (S. 46–47). Es muss nicht oder nur wenig gedüngt werden.

Das regelmäßige Anreichern mit organischem Material versorgt Regenwürmer und Bodenorganismen mit Nahrung; sie machen daraus Humus. Im Gegensatz zum einmaligen und hochkonzentrierten Nährstoffangebot, das herkömmliche Dünger bieten, werden bei der Umsetzung von organischem Material nach und nach Nährstoffe freigesetzt, die direkt von den Wurzeln aufgenommen werden können. Diese Bodenpflege führt zu einer krümeligen Struktur und einer kräftigen Farbe und der Boden kann Wasser besser speichern. Die Pflanzen werden robust und widerstandsfähig gegen Schädlinge und Krankheiten. Zusätzlich wird die Ernte Jahr für Jahr größer, denn der Boden wird mit der Zeit immer fruchtbarer.

TOP TIPP Geben Sie Gemüse in neu angelegten Beeten Dünger, um die Pflanzen mit allen wichtigen Nährstoffen zu versorgen. Beginnen Sie gleichzeitig mit der Bodenpflege.

Eine jährliche Humusgabe verbessert die Struktur und die pH-Pufferkapazität eines Bodens und er wird reicher an Bodenorganismen.

DÜNGEN IN TÖPFEN

Pflanzen in Töpfen steht nur eine begrenzte Menge Erde zur Verfügung. Die Nährstoffvorräte darin reichen bei hochwertiger Erde für etwa sechs bis acht Wochen. Danach sind die Pflanzen im Topf auf Nachschub durch den Gärtner angewiesen. Halten Sie daher immer den passenden Dünger bereit. Besonders wichtig ist das bei »hungrigen« Pflanzen wie Tomaten und Zucchini, die immer gut mit Nährstoffen versorgt sein müssen. Das fördert ein schnelles Wachstum und einen üppigen Fruchtansatz. Flüssigdünger werden einfach beim Gießen ausgebracht. Für Blattgemüse ist ein Volldünger geeignet, Fruchtgemüse benötigen einen kaliumbetonten Dünger.

Tomaten, die in Kübeln stehen, brauchen einen Dünger mit hohem Kaliumgehalt.

DÜNGERARTEN

Dünger wird angewendet, wenn Pflanzen mit Nährstoffen versorgt werden sollen, weil der Boden mager ist oder weil sie während einer bestimmten Wachstumsphase gefördert werden sollen. Organische wie mineralische Dünger (s. rechts) werden als Granulat oder Flüssigdünger angeboten. Granulate werden entweder vor dem Säen oder Pflanzen in den Boden eingeharkt oder auf die Erdoberfläche gestreut. Flüssigdünger werden ins Gießwasser gemischt und mit der Kanne ausgebracht. Halten Sie Dünger von den Blättern fern, sonst kann es zu Verbrennungen kommen. Wählen Sie nur Dünger, der für Gemüse geeignet ist, und beachten Sie die Anwendungshinweise auf der Verpackung.

GUT ZU WISSEN
Das N:P:K-Verhältnis auf der Verpackung gibt an, in welchem Verhältnis die drei Hauptnährstoffe im Dünger enthalten sind.

Flüssigdünger werden beim Gießen ins Wasser gegeben.

- **Stickstoff (N)** fördert das Blattwachstum.
- **Phosphat (P)** wirkt positiv auf Wurzel- und Triebwachstum.
- **Kalium (K)** begünstigt Blüten- und Fruchtansatz und sorgt für Stabilität.

ORGANISCH ODER NICHT?

Überlegen Sie, welche Dünger Sie in Ihrem Hausgarten mit gutem Gewissen anwenden können. Organische Produkte sind tierischen oder pflanzlichen Ursprungs und enthalten Materialien wie Algenextrakt, Beinwell, Hornspäne oder pelletierten Hühnermist. Sie wirken langsamer, aber länger als mineralische Dünger.

Mineralische Produkte wie Kaliumsulfat oder Stickstoffsulfat sind meist günstiger. Sie werden synthetisch hergestellt oder abgebaut. Sie sind meist hochkonzentriert, wirken schnell und liefern die Nährstoffe in einer Form, die Pflanzenwurzeln sofort nutzen können.

Universaldünger wird oft als einfach anzuwendendes Granulat angeboten.

GIESSEN

Wasser ist zu jedem Zeitpunkt des Pflanzenwachstums essenziell und das Gießen gehört beim Gärtnern zu den wichtigsten Aufgaben. Der Standort beeinflusst maßgeblich, wie viel Wasser eine Pflanze benötigt. In warmen Regionen ist das mehr als in kühlen und feuchten; in Töpfen und Hochbeeten mehr als im gewachsenen Boden. Unter Glas oder Folie sind Pflanzen darauf angewiesen, regelmäßig gegossen zu werden, da ihnen die Niederschläge fehlen. Wird Jahr für Jahr organisches Material in den Boden eingearbeitet, kann er immer besser Wasser speichern und Sie müssen weniger gießen.

Gießen Sie morgens oder abends, verdunstet weniger Wasser.

WANN GIESSEN?

Samen benötigen Wasser zum Keimen, Jungpflanzen für das Anwachsen. Wässern Sie also immer nach dem Säen oder dem Auspflanzen. Einmal angewachsen kommen Gemüsepflanzen, die in gutem, fruchtbarem Boden stehen, zwar ohne zusätzliches Wasser aus, ein paar kräftige Schlucke zur richtigen Zeit erhöhen jedoch die Ernte. Wässern Sie Fruchtgemüse und Hülsenfrüchte vor allem während der Blüte; Wurzelgemüse in einem späteren Stadium. Blattgemüse braucht nur gelegentlich zusätzliches Wasser.

Behalten Sie das Wetter im Auge: In heißen, trockenen Perioden benötigen alle Pflanzen Wasser. Ist es kühl und wolkig, gießen Sie lieber sparsam. Zu viel Wasser ist genauso schädlich wie zu wenig.

RICHTIGES GIESSEN

Auf trockenen Böden sind erstaunliche Wassermengen notwendig, bis Feuchtigkeit zu den durchwurzelten Bodenschichten durchdringt. Befeuchten Sie immer nur die oberen Zentimeter der Erde, bilden die Pflanzen ein flaches Wurzelwerk, statt in tiefe Schichten vorzudringen, wo es generell feuchter ist. Es ist also sinnvoll, seltener, aber dann kräftig zu gießen, statt täglich wenige Tropfen. Der Inhalt einer 10-l-Kanne pro Quadratmeter ist ein guter Richtwert. Verwenden Sie möglichst eine Gießkanne mit Brause oder einen Schlauch mit Spritze. Trifft das Wasser in feinen Tröpfchen auf die Erde, schont das die Bodenstruktur. Auch verhindern Sie so, dass Samen weggespült werden.

Gießen Sie rund um die Pflanzenbasis. So wird eine gleichmäßige Wurzelbildung gefördert.

IN TÖPFEN

Blumenerde trocknet selbst in großen Gefäßen schnell aus. Pflanzen in Töpfen müssen daher regelmäßig gegossen werden. Im Sommer ein-, manchmal sogar zweimal pro Tag. Große Pflanzen wirken wie ein Schirm: Sie verhindern, dass Regenwasser die Erde im Topf erreicht. Gießen Sie solche Pflanzen also immer direkt an der Basis.

Gießen Sie Töpfe, die in Untersetzern stehen, von unten. Sie sollten jedoch nicht dauerhaft im Wasser stehen. Für Urlaubszeiten eignet sich ein automatisches Bewässerungssystem aus Timer und Tropfschläuchen oder Düsen, die an einen Wasserhahn oder eine Regentonne angeschlossen werden.

Eine Tröpfchenbewässerung arbeitet gleichmäßig und ökonomisch.

GUT ZU WISSEN
- Geben Sie Fruchtgemüse wie Tomaten und Chili während der Reife nicht zu viel Wasser. Sie verlieren an Geschmack.
- Halten Sie die Erde gleichmäßig feucht. Sonst platzen Wurzeln oder Früchte auf; Blattgemüse beginnt zu schießen.
- Pflanzen, die unter Wassermangel leiden, sind anfälliger für Krankheiten.
- Gießen Sie nicht zu viel. Staunässe schadet den Wurzeln.

TOP TIPP Gießen Sie Pflanzen immer an der Basis, nicht direkt auf die Blätter. Diese »verbrennen« sonst und werden anfälliger für Pilzkrankheiten.

REGEN- UND GRAUWASSER NUTZEN

Pflanzen brauchen kein Trinkwasser, um zu wachsen. Nutzen Sie andere Quellen. So schonen Sie die Umwelt und Ihren Geldbeutel. Sammeln Sie Regenwasser, indem Sie Fallrohre in Regentonnen leiten. Das gesammelte Regenwasser kann im ganzen Garten verwendet werden. Es eignet sich aber nicht für Aussaaten, denn es kann schädliche Mikroorganismen enthalten.

Grauwasser ist Abwasser, das beim Spülen oder Baden entsteht. Es eignet sich für Pflanzen, die vor dem Verzehr abgekocht werden. Verdünntes Waschmittel schadet Pflanzen nicht. Verwenden Sie aber kein Wasser, das scharfe Reinigungsmittel enthält. Grauwasser sollte nicht länger als 24 Stunden gelagert werden. Sonst beginnen die darin enthaltenen Bakterien, sich stark zu vermehren.

Ein Deckel auf der Regentonne verhindert, dass Tiere hineinfallen.

PFLANZENSCHUTZ

Pflanzen, die in gutem Boden aufwachsen, werden so kräftig, dass Schädlinge und Krankheiten ihnen nichts anhaben können. Entfernen Sie Unkraut und abgestorbene Pflanzenteile, in denen Schaderreger stecken könnten. Sorgen Sie dafür, dass Nützlinge in den Garten einziehen. So entsteht ein natürliches Gleichgewicht und Sie können auf chemischen Pflanzenschutz verzichten. Auch Barrieren wie Netze sind ein effektiver Weg, Schädlinge von den Pflanzen fernzuhalten. Mit Fallen und Verwirrmethoden gelingt es ebenfalls gut, Nutzpflanzen zu schützen.

SCHNECKEN FERNHALTEN

In Töpfen wie in Beeten sind Schnecken die wohl lästigsten Schädlinge. Vor allem wenn es feucht ist, kommen die gefräßigen, nachtaktiven Tiere. Ganze Gemüsereihen können sie über Nacht vernichten. Den Garten schneckenfrei zu bekommen, ist ein Ding der Unmöglichkeit. Aber Sie können sie dezimieren, indem Sie die Schnecken abends absammeln. Achten Sie außerdem darauf, dass es in der Nähe des Gemüsegartens keine feuchten Verstecke gibt. Eine ausgehöhlte Grapefruithälfte oder eine Schale voll Bier lockt die Schnecken an und Sie können sie morgens wegbringen. Kupferband hält Schnecken fern (S. 19), aber auch pieksige Hindernisse wie zerstoßene Eierschalen oder Kiefernnadeln.

Einige chemische Schneckenbekämpfungsmittel sind auch für den Gemüsebau zugelassen. Sie sind aber meist schädlich für Kinder, Haustiere und die Umwelt. Eine biologische Bekämpfung mit Nematoden (kleinen Würmern, die die Schnecken befallen) ist ebenfalls möglich, aber teuer. Sie lohnt eher in großen Gärten.

> **TOP TIPP** Schnecken ziehen sich oft zu mehreren in geschützte Ecken zurück, um zu überwintern. Beseitigen Sie sie im Winter oder im Frühjahr. So haben Aussaaten die besten Chancen.

Netze schützen und können zum Gießen auf den Pflanzen bleiben.

GUT GESCHÜTZT

Einfache Barrieren sind oft der beste Weg, Schädlinge von den Nutzpflanzen fernzuhalten. Erbsen und Kohl können Sie mit einem Netz vor Tauben schützen. Ein Rahmen sorgt dafür, dass große Pflanzen wie Brokkoli trotzdem ungehindert wachsen können. Um Kaninchen auszusperren, benötigen Sie einen mindestens 1 m hohen und 30 cm tief eingegrabenen Zaun. Gemüse, das vor Schadinsekten geschützt werden muss, sollten Sie unter einem Vlies- oder Netztunnel anbauen. Gebogene Metallstangen oder Kunststoffrohre dienen als Gestänge. Vliestunnel haben zusätzlich den Vorteil, dass sie die Pflanzen vor Kälte schützen und damit die Gartensaison verlängern.

Eine Barriere aus zerstoßenen Eierschalen kann Schnecken fernhalten.

Grapefruit- und Orangenschalen sind effektive Schneckenfallen.

MISCHKULTUR UND OPFERPFLANZEN

Einige Pflanzen schrecken Schadinsekten ab oder locken Gegenspieler an, die die Nutzpflanzen von Schädlingen befreien. Der Duft von Studentenblumen (*Tagetes*), Zwiebeln und Schnittlauch lenkt die Möhrenfliege ab. Die Spiegeleiblume (*Limnanthes*) lockt Schwebfliegen an, die Blattläuse auf Dicken Bohnen fressen; bei späten Feuerbohnensorten hat Fenchel den gleichen Effekt. Blühpflanzen zwischen Gemüse locken außerdem Bestäuber zu den Kulturpflanzen und die Ernte steigt.

Manche Gärtner nutzen sogenannte Opferpflanzen, um Schädlinge fernzuhalten. Kapuzinerkresse unter Obstbäumen ist ein bekanntes Beispiel, weil Blattläuse sie unwiderstehlich finden.

Schwebfliegen, Marienkäfer und Florfliegen sind des Gärtners Verbündete.

NÜTZLINGE IN DEN GARTEN LOCKEN

Vögel, Igel, Frösche, viele Insekten und Amphibien jagen Gartenschädlinge. Mit einfachen Mitteln können Sie Ihren Garten zu einem vielfältigen Ökosystem machen. Füttern Sie Vögel, hängen Sie Nistkästen auf und stellen Sie das ganze Jahr Vogeltränken auf. Vor allem in Gärten, wo sich die Vögel in Bäumen und Sträuchern verstecken können, sind sie gerne regelmäßig zu Gast.

Halten Sie Ihren Nutzgarten gepflegt, aber lassen Sie einen Gartenbereich etwas wilder mit Laubhaufen für Igel, einem kleinen Holzstapel für Amphibien und einem kleinen Teich für Frösche und Kröten. Wenn möglich, pflanzen Sie einen Baum oder legen Sie eine Hecke an. Die Vielfalt tierischer Gäste wird dann noch einmal größer.

Kapuzinerkresse ist leicht anzubauen und lockt die Schwarze Bohnenlaus von den Dicken Bohnen weg.

GUT ZU WISSEN
- Verzichten Sie möglichst auf chemische Pflanzenschutzmittel und beachten Sie ggf. die Anwendungshinweise.
- Falls Sie auf die Verwendung von Insektiziden nicht verzichten wollen, bringen Sie sie nur abends aus, damit sie Nützlinge wie Bienen nicht schädigen.

NACH DER ERNTE

Eine Rekordernte zum Ende des Sommers ist eine tolle Belohnung, aber die Gartenarbeit geht weiter. Oft kann mehr geerntet werden, als Sie frisch verzehren können. Verarbeiten Sie Überschüsse zu Wintervorräten. Der Herbst ist außerdem die Zeit, Pflanzenreste von den Beeten zu räumen und zu kompostieren. So steht Ihnen im nächsten Jahr wieder kostenloser Bodenverbesserer zur Verfügung. Notieren Sie Erfolge und Misserfolge. So gewinnen Sie Erkenntnisse, welche Gemüsearten und welche Arbeiten am besten zu Ihnen passen, und werden zum Gartenexperten.

DIE ERNTE LAGERN

Viele Gemüse und Kräuter können getrocknet, eingefroren oder eingemacht werden. Zur Lagerung eignen sich Zwiebeln, Schalotten und Knoblauch. Lassen Sie das Laub in der Sonne trocknen, bevor Sie es in Bündeln an einen warmen trockenen Platz hängen.

Trockenbohnen werden in luftdichte Behälter gepackt und in der Küche aufbewahrt. So können sie direkt verwendet werden.

Ist die Schale in der Sonne ausgehärtet, halten sich Kürbisse an einem frostfreien, kühlen Ort mehrere Monate. Sie können auch als Dekoration verwendet werden. Wurzelgemüse wie Rote Bete, Möhren und Pastinaken werden ausgegraben, in sandgefüllte Kisten gelegt und in einem frostfreien Schuppen oder einer Garage gelagert.

Bohnen, Erbsen, Spinat, Chilis und die meisten Kräuter können einfach eingefroren werden. Rote Bete, Tomaten und Feuerbohnen lassen sich zu leckeren Chutneys verarbeiten.

Kürbisse sollten an der Pflanze reifen und trocknen und vor dem ersten Frost eingelagert werden.

Über drei Monate können Möhren ihre Inhaltsstoffe behalten.

VOR DEM WINTER

Nachdem das meiste geerntet ist, bereiten Sie die Beete für den Winter vor. Ziehen Sie alle Pflanzenreste aus dem Boden, nur Erbsen und Bohnen werden über dem Boden abgeschnitten, sodass die Wurzeln mit den stickstofffixierenden Knöllchenbakterien im Boden bleiben. Gesunde Pflanzen werden kompostiert (S. 46–47). Was krank aussieht, kommt in den Hausmüll, damit sich Erreger nicht ausbreiten. Verteilen Sie den Kompost des Vorjahres auf den Beeten (S. 20–21) und schaffen Sie Platz für eine neue Miete.

AUFRÄUMEN Ein aufgeräumter Gemüsegarten sieht nicht nur schöner aus, er reduziert auch die Chancen, dass Schädlinge und Krankheiten dort überwintern. Entfernen Sie Unkraut, fegen Sie die Erde zwischen den Töpfen zusammen und räumen Sie Rankhilfen, Netze und Vliese weg. Säubern Sie die Aussaatkisten und -töpfe, damit Sie im nächsten Jahr direkt loslegen können. Sofern vorhanden, desinfizieren Sie das Gewächshaus. Auch den Gartengeräten sollten Sie sich widmen: Metallteile werden gewaschen, abgetrocknet und mit einem öligen Lappen abgewischt; Holzstiele mit Leinöl behandelt.

ABDECKEN Auch wenn das Wachstum im Winter sehr verlangsamt ist, lohnt es sich, den Boden in dieser Zeit nicht unbedeckt zu lassen. Die Nährstoffe würden sonst durch die winterlichen Niederschläge ausgewaschen, außerdem ist nackter Boden eher gefährdet, Staunässe zu entwickeln, die den nützlichen Bodenlebewesen schadet. Bedecken Sie ihn deshalb im Herbst mit einer Schicht Mulch oder säen Sie Gründüngungspflanzen wie Winterroggen oder Wicken aus. Die Pflanzen schützen den Boden, werden dann im Frühjahr eingearbeitet und versorgen darauf folgende Kulturen mit Nährstoffen.

Notizen helfen dabei, ein erfahrener Gärtner zu werden.

EIN GARTENTAGEBUCH

Notiz- oder Tagebücher haben bei Gärtnern Tradition. So lernen sie im Lauf der Jahre von ihren Erfahrungen. Es lohnt sich, die Sortennamen aller Gemüsearten zu notieren sowie die Aussaatdaten und die Menge. Sammeln Sie Samentüten und Fotos und zeichnen Sie gute Pflanzkombinationen von Gemüsearten oder Rankhilfen auf. All das ist eine wertvolle Gedankenstütze fürs nächste Jahr, wenn Sie neues Saatgut kaufen.

Das Wissen, wie lange die Kulturen auf den Beeten stehen, ermöglicht es, einen Anbauplan für die nächsten Jahre aufzustellen (S. 22) und so den Nutzgarten Stück für Stück zu optimieren. Notieren Sie, welche Probleme es mit Schädlingen und Krankheiten gab und wann Spätfröste waren. Mit der Zeit können Sie mit diesem Wissen die für Ihr Grundstück perfekte Art zu Gärtnern herausarbeiten. Online-Gartentagebücher sind eine moderne Version dieser alten Idee. Hier können Sie Bilder leichter speichern und Gartentipps und -erfolge mit Freunden teilen.

Wicken als Gründüngung schützen und verbessern den Boden.

Verhindern Sie Pflanzenkrankheiten durch gründliches Reinigen.

NACH DEM ERSTEN JAHR

Die Planung für das zweite und die folgenden Jahre ist eine Möglichkeit, mehr Land zu bearbeiten und so die Erntemengen zu erhöhen, neue Arbeitstechniken einzuführen und neue Arten und Sorten auszuprobieren. Doch selbst wenn Sie alles beim Alten lassen, ist durch das Wetter, Schädlinge und Krankheiten jedes Jahr anders und stellt neue Herausforderungen. Nutzen Sie die Notizen aus den vergangenen Jahren, um herauszufinden, was gut gedeiht, was misslingt und warum. Diese Informationen helfen, die beste Zeit für das Aussäen und Pflanzen zu finden und Fehler zu vermeiden.

Eine automatische Bewässerung kann das Gärtnern einfacher machen.

GUTE PLANUNG

Nutzen Sie den Winter, wenn draußen weniger zu tun ist, um Wissen zu sammeln, wie Sie das Beste aus Ihrem Garten herausholen können. Vielleicht können Sie noch mehr ernten, weil die Folgekultur fertig zum Pflanzen ist, wenn ein Beet abgeerntet wird, wenn Sie in Mischkultur anbauen oder Sie Rankgerüste mit kletterndem Gemüse begrünen. Da Sie die lokalen Gegebenheiten ja nun gut kennen, können Sie Sorten auswählen, die dazu passen: Zwergsorten für windige Gärten, kältetolerante oder schnellwachsende für solche im Norden. Greifen Sie auf resistente Sorten zurück, wenn Schädlinge und Krankheiten Probleme bereiten.

NEUES AUSPROBIEREN

Bewerten Sie jede Gemüseart, die Sie angebaut haben. Woran kann es gelegen haben, wenn eine Pflanze im ersten Jahr nicht gut gewachsen ist? Wenn Sie wissen, was Sie im zweiten Jahr besser machen können, geben Sie der Kultur noch eine Chance. Falls nicht, versuchen Sie es mit einer ähnlichen Art, die einfacher anzubauen ist oder mehr Fehler verzeiht. Bauen Sie zum Beispiel Weißkohl statt Grünkohl, Mangold statt Spinat oder Schnittlauch statt Zwiebeln an. Auch das Wetter kann ein Grund sein, Alternativen zu suchen. Probieren Sie Buschbohnen, wenn Wind den Stangenbohnen geschadet hat, oder wählen Sie schnell reifende Cherrytomaten, wenn die Fleischtomaten letztes Jahr grün geblieben sind. Und fühlen Sie sich nicht verpflichtet, Gemüsearten anzubauen, die viel Ernte abwerfen, Ihnen aber nicht schmecken.

Mangold ist einfacher anzubauen und kräftiger als Spinat, aber wie jedes Gemüse braucht auch er Pflege.

MENGEN EINSCHÄTZEN

In Ihrem ersten Gartenjahr konnten Sie wahrscheinlich von einigen Gemüsearten Unmengen ernten und von anderen kaum etwas. Überlegen Sie also, wie viel Fläche Sie den Arten in den nächsten Jahren überlassen möchten. Kartoffeln, Kürbis und Kohl werden ziemlich groß. Schon eine oder zwei Pflanzen weniger kann wertvollen Platz für Ihr Lieblingsgemüse schaffen. Oder Sie säen eine zweite, späte Erbsensorte aus statt große Mengen Feuerbohnen zu ernten. Von Wurzelgemüse und Salaten ist es besser, mehrmals kleine Mengen zu säen, anstatt alles auf einmal. So können Sie über längere Zeit ernten.

Wirsing und andere Kohlarten sind toll, wenn man viel Platz hat.

GUT ZU WISSEN
- Reinigen Sie Anzuchtgefäße nach dem Gebrauch, damit sich Krankheiten nicht ausbreiten.
- Säen und Pflanzen Sie nur in frische Erde. So entstehen weniger Probleme mit Schädlingen und Krankheiten.
- Berücksichtigen Sie Reisen und Urlaubszeiten bei der Anbauplanung. So vermeiden Sie, dass viel gegossen oder geerntet werden muss, während Sie weg sind.
- Zeit, die Sie dem Boden widmen, ist nie vergeudet. Er ist die Grundlage erfolgreicher Gärtner.
- Frisches Saatgut keimt am besten. Das gilt vor allem für Möhren und Pastinaken.

REALISTISCH BLEIBEN

Nach den ersten Erfolgen im Anbau von leckerem Gemüse ist man im nächsten Jahr oft versucht, viel mehr zu wollen. Nehmen Sie sich jedoch nur so viel vor, wie Sie Zeit und Energie aufbringen können. Vergrößern Sie die Anbaufläche lieber Stück für Stück und überfordern Sie sich nicht: Gärtnern soll Spaß machen und nicht in Stress ausarten. Bleiben Sie realistisch, was das Klima betrifft, in dem Sie gärtnern. Wenn wärmeliebende Arten wie Auberginen und Chilis draußen nicht reifen, holen Sie sie ins Haus. Pflanzen Sie Blattgemüse an einen schattigeren Standort, wenn es an trockenen, heißen Tage welk wird, oder bauen Sie es im Sommer nicht an.

TOP TIPP Wollen Sie Gemüse anbauen, um Geld zu sparen, dann wird das auch klappen – langfristig gesehen zumindest. Denn in den ersten Jahren müssen Erde und Geräte angeschafft werden und vieles klappt vielleicht noch nicht so gut.

Ein kleines Hochbeet voller Lieblingsgemüse macht mehr Freude als ein großer Garten, der schwer zu pflegen ist.

DIE SAISON VERLÄNGERN

Eine Rekordernte im Sommer ist ein Highlight im Gartenjahr, aber mit etwas Planung können Sie sich über mehrere Monate täglich an Frischem vom Beet erfreuen. Durch die sorgfältige Auswahl von Arten und Sorten und das Aussäen kleiner Mengen in regelmäßigen Abständen haben Sie über einen langen Zeitraum immer allerfrischestes Gemüse zur Verfügung. Sie können die Anbausaison zudem erheblich verlängern, indem Sie im Frühjahr die Aussaaten und im Herbst das reifende Gemüse mit Pflanzglocken oder Vliesabdeckungen vor Kälte schützen.

Radieschen werden direkt gesät und nach drei bis vier Wochen geerntet.

IN SÄTZEN SÄEN

Säen Sie lieber kleine Mengen im Abstand mehrerer Tage, statt das ganze Saatgut im Frühjahr zu säen und im Sommer vor einem Berg an Gemüse zu stehen. Diese Aussaat in Sätzen ist die beste Möglichkeit, schnellwachsende Gemüsearten wie Pflücksalat, Radieschen und Rote Bete durchgehend ernten zu können. Säen Sie im Abstand von zwei bis drei Wochen oder sobald die vorherige Saat aufgegangen ist.

Für langsamer wachsende Arten wie Erbsen, Buschbohnen, Spinat und Grünkohl können Sie die Anbausaison verlängern, indem Sie während des Sommers mehrmals aussäen.

SORTEN MISCHEN

Verschiedene Sorten einer Art reifen oft unterschiedlich schnell. Nutzen Sie dies, indem Sie schnell und langsam wachsende gleichzeitig anbauen und nacheinander ernten. Zur Orientierung kann der Namen dienen. »Frühe« Sorten reifen schneller als andere, die oft als »Hauptsorten« bezeichnet werden. Auch Zwergsorten und solche mit kleinen Früchten sind meist früher erntereif, da sie weniger wachsen müssen. So reifen buschig wachsende Cherrytomaten schneller als großfrüchtige Stabtomatensorten. Buschbohnen können meist einige Wochen früher geerntet werden als Stangenbohnen.

Viele Gemüsearten können in verschiedenen Stadien geerntet werden, was ihre Anbausaison deutlich verlängert: Junge Rote Bete eignen sich beispielsweise für Salat, ältere für Suppen und Eintöpfe.

Frühe Möhrensorten bilden nach der Aussaat im Frühjahr delikate Wurzeln, die schon im Hochsommer gezogen werden können.

VOR KÄLTE SCHÜTZEN

Falls Sie in einer kühleren Region leben, können Sie die Gartensaison im Frühjahr und im Herbst verlängern, indem Sie Pflanzen abdecken, um sie vor Kälte zu schützen. Dadurch können Sie früher im Jahr aussäen und spätes Gemüse ist geschützt, wenn im Herbst die Temperaturen sinken.

Pflanzglocken sind für einzelne Pflanzen gedacht. Ursprünglich wurden sie aus Glas hergestellt. Heute sind sie meist aus Kunststoff. Effektive und günstige Pflanzglocken können Sie selber machen, indem Sie bei großen Plastikkanistern den Boden herausschneiden. Sollen ganze Gemüsereihen geschützt werden, ist Vlies die bessere Alternative. Dieser leichte Stoff wird wie eine Decke auf die Erde und die Pflanzen gelegt und an den Rändern im Boden befestigt. Er ist leicht dehnbar, sodass die Pflanzen darunter ungehindert wachsen können. Außerdem lässt er Niederschläge durch und hält Schädlinge fern. Für größere Pflanzen sind Vlies- oder Folientunnel besser geeignet. Schneiden Sie dafür biegsame Metallstangen oder Kunststoffrohre so zu, dass sie über das Beet reichen. Sie bilden das Gerüst, über das Sie das Vlies oder die Folie dann spannen können.

Chilis reifen weiter, wenn man sie im Herbst an einem warmen Ort aufstellt.

INS HAUS BRINGEN

Bringen Sie Pflanzen in Töpfen im Herbst ins Haus. So können Sie länger ernten. Ideal ist ein Fensterbrett, ein warmer, sonniger Wintergarten oder ein Gewächshaus. Dort können späte Chilis, Paprika und Auberginen reifen, selbst wenn die Pflanzen draußen keine Chance mehr hätten. Kräuter können im Spätsommer getopft und im Herbst und Winter ins Haus gebracht werden, um sie dort zu ernten. Kleinere Pflanzen können sogar aus dem Beet genommen und drinnen getopft werden.

> **TOP TIPP** Topfen Sie mehrjährige Kräuter wie Minze, Schnittlauch und Oregano aus und säen Sie Petersilie, Basilikum und Koriander direkt in Töpfe auf der Fensterbank.

Pflanzglocken aus Plastikflaschen sind ein idealer Schutz für Jungpflanzen und halten Schnecken fern.

Auf dem Fensterbrett kann geerntet werden, wenn draußen nichts wächst.

GUT ZU WISSEN
- Auch Unkraut wächst unter dem Kälteschutz. Hacken und jäten Sie also zwischendurch.
- Gießen Sie Gemüse unter Pflanzglocken oder in Folientunneln regelmäßig.
- Entfernen oder lüften Sie den Schutz an warmen Tagen. Dann kann die Luft zirkulieren und Pilzbefall wird verhindert.
- Befestigen Sie Pflanzglocken und Vlies, damit sie nicht wegwehen.

KOMPOSTIEREN

Für einen erfolgreichen Gemüseanbau ist gute Komposterde unersetzbar. Diese können Sie gratis und in weniger als sechs Monaten selber machen, indem Sie Garten- und Küchenabfälle verrotten lassen. In dieser Zeit entsteht aus Ernteresten, Rasen- und Gehölzschnitt eine krümelige Erde, mit der Sie den Boden verbessern können. Kompostbehälter in verschiedenen Designs können Sie kaufen, aber ein selbst gebauter ist günstiger und kann an den Garten angepasst werden. Machen Sie den Behälter so groß wie möglich. Je größer der Haufen ist, desto schneller verrottet das Material.

KOMPOSTKISTE BAUEN

Holzpaletten sind ein ideales Baumaterial für Kompostbehälter. Hier wurden drei Standardpaletten (1,20 m x 1 m) zusammengeschraubt. Sie bilden die Seiten der Kiste. Eine vierte Palette kann geöffnet werden, um den Kompost umzusetzen und zu entnehmen. Der Behälter ist für große Gärten gedacht. Für kleinere Gärten schlägt man vier Eckpfosten in den Boden und baut die Wände aus dicker Pappe und Kaninchendraht.

DER AUFBAU SCHRITT FÜR SCHRITT

1 Stellen Sie auf ebener Fläche drei Paletten auf. Sie bilden die festen Seiten der Kiste. Die vierte Palette muss gerade so in den vorderen Zwischenraum passen und bildet die Tür.

2 Stehen die Paletten richtig, schrauben Sie diese durch die dicken Holzklötze an den Ecken mit je zwei Schrauben zusammen.

3 Kleiden Sie die Innenseite der Kiste mit Kaninchendraht aus. Er wird mit Krampen am Holz befestigt und sorgt dafür, dass das organische Material nicht aus der Kiste fällt.

4 Schließen Sie die Kiste mit der vierten Palette. Bauen Sie ein Scharnier, indem Sie einen Draht locker um die aneinanderstoßenden Kanten der Türpalette und einer Seitenpalette wickeln. Verschließen Sie die Tür mit einer Drahtschlinge.

PLANEN, PFLANZEN UND PFLEGEN

AUFSTELLEN UND FÜLLEN

Stellen Sie den Behälter auf offenen Boden, sodass Bodenlebewesen direkt hineingelangen und sofort mit ihrer Arbeit beginnen können. Besser, als ihn in einer dunklen Ecke zu verstecken, ist ein sonniger Platz, denn Wärme beschleunigt den Rotteprozess.

Füllen Sie den Behälter zu gleichen Teilen mit frischem grünen und trockenem braunen Material. Bei zu viel Frischem wird der Haufen matschig und stinkt; mit zu viel Trockenem fehlt Feuchte und die Rotte setzt nicht ein. Größere Haufen funktionieren besser.

Bunte Blumen sind gut geeignet, um Kompostbehälter zu verdecken.

GUT ZU WISSEN
- Wird der Haufen matschig und riecht, geben Sie kohlenstoffreiche Materialien dazu. Auch Kartons, Holzspäne und Papier sind geeignet.
- Entsorgen Sie ausdauernde Unkräuter und Einjährige, die viele Samen bilden, nicht auf dem Kompost. Sie keimen, wenn Sie den Kompost ausbringen.
- Fleisch oder gekochtes Essen darf nicht auf den Kompost. Es lockt Ungeziefer an.
- Krankes Pflanzenmaterial sollte im Müll entsorgt werden.

Das Abdecken des Komposthaufens beschleunigt den Rotteprozess.

DEN KOMPOST ABDECKEN

Sobald Sie den Behälter benutzen, ist es sinnvoll, die Oberfläche abzudecken, damit der Inhalt nicht vom Regen durchnässt wird. Geeignet sind alte Teppiche, dicke Pappe oder schwarzes Plastik. Die Abdeckung sollte beschwert werden, damit sie nicht weggeweht wird. Die Bedeckung dient auch der Isolierung. So bleibt Wärme, die bei der Umsetzung entsteht, im Behälter, wo sie Unkrautsamen und Krankheiten abtötet. Noch dazu schützt eine Abdeckung davor, dass Unkrautsamen durch Wind oder Vögel in den Haufen eingetragen werden.

DEN HAUFEN UMSETZEN

Die Umsetzung des organischen Materials läuft nicht im ganzen Haufen gleichmäßig ab. Das Innere bleibt feucht und wird warm, weil es verrottet, während die Seiten austrocknen und sich nur langsam zersetzen. Durch das Umsetzen mischt sich der Haufen und verrottet gleichmäßig. Er sollte mindestens einmal, besser mehrmals umgesetzt werden. Heben Sie mit einer Forke Material von den Seiten auf den Haufen und das aus dem Inneren nach außen und vermischen Sie beides. Sieht der Kompost trocken aus, ist jetzt ein guter Zeitpunkt, ihn zu wässern. Schnittgut von Sträuchern, aber auch Kohlstrünke müssen vor dem Kompostieren zerkleinert werden.

> **TOP TIPP** Legen Sie möglichst zwei Komposthaufen an: einen, der befüllt wird, und einen zweiten, in dem fertiger Kompost lagern kann, bis er im Garten benötigt wird.

Das Umsetzen belüftet den Kompost. So gelangt Sauerstoff an die Bodenorganismen im Inneren des Haufens.

MEHR PLATZ FÜR GEMÜSE

Wer einmal in den Genuss von Gemüse aus dem eigenen Garten gekommen ist und die Vorteile erkannt hat, die der eigene Anbau bietet, wird wahrscheinlich mehr wollen. Umziehen müssen Sie dafür nicht. Mit etwas Fantasie finden Sie im Garten weitere Plätze, um Ihre Ideen zu verwirklichen.

Halten Sie Ausschau nach freien Flächen: Mauern und Zäune bieten zum Beispiel Platz für kletternde Nutzpflanzen. Und setzen Sie Prioritäten: Benötigen Sie wirklich die ganze Rasenfläche? Kann das Auto woanders geparkt werden? Ist die Terrasse nicht zu schade, um dort nur Wäsche aufzuhängen?

IM HOCHBEET

Hochbeete sind der einfachste Weg, die Anbaufläche zu vergrößern (S. 16–17). Der Aufbau benötigt etwas Zeit und Anstrengung, aber das Bewirtschaften ist einfach. Hochbeete sind ideal für Gemüse, denn der Boden lässt sich darin gut bearbeiten.

Wählen Sie einen Platz, der mindestens vier Stunden pro Tag in der Sonne liegt, und einen Untergrund, der nicht so leicht verrottet. Ein Holzdeck ist ungeeignet. Ansonsten eignet sich jedes ungenutzte Stück Land, selbst gepflasterte Terrassen, geteerte Auffahrten oder das Betonfundament eines abgerissenen Gewächshauses. Auch vernachlässigte Rasenflächen sind ein guter Standort. Stellen Sie den Rahmen dort einfach auf. Sie müssen die Grasnarbe nicht entfernen. Es genügt, sie mit dicker Pappe abzudecken und das Beet dann mit Erde und Kompost zu füllen.

Stangenbohnen sorgen mit bunten Blüten und Hülsen für Farbe.

STATT SOMMERBLUMEN

Profitieren Sie von der Attraktivität vieler Gemüsepflanzen und Kräuter, statt Töpfe und Staudenbeete jedes Jahr mit Sommerblumen zu bestücken. Viele Gemüsearten brauchen ähnliche Bedingungen und wachsen zur gleichen Zeit wie Sommerblumen und sind daher ein guter Ersatz. Was spricht dagegen, große Töpfe mit Strauchtomaten, Chilis oder Auberginen rechts und links der Haustür aufzustellen, ein Holzdeck mit Buschbohnen zu rahmen oder statt Wicken Kürbissorten mit attraktiven Früchten zu pflanzen?

Hochbeete auf versiegelten Flächen sollten mindestens 30 cm hoch sein, damit auch das Wurzelgemüse genug Platz nach unten hat.

IM STAUDENBEET

Viele Gärtner nutzen bereits Pflücksalate, um Lücken in den Beeten des Ziergartens zu füllen. Doch es gibt noch viel mehr solcher Möglichkeiten, denn auch Gemüsepflanzen sind durchaus attraktiv und können das i-Tüpfelchen in einem klassischen Blumenbeet sein. Schöne Kohlarten geben im Winter Struktur, Zuckermais und Stangenbohnen bereichern den Hintergrund durch ihren aufrechten Wuchs, Schnittlauch, Thymian und Salbei können als Beeteinfassung genutzt werden. Damit das Gemüse im Staudenbeet gut gedeiht, sollten Sie den Boden jedes Jahr im Frühjahr mit einer Schicht Kompost aufwerten.

In Vorgärten wird seltsamerweise fast nie Essbares angepflanzt, selbst wenn sie nach Süden ausgerichtet sind und mehr Sonne bekommen als der eigentliche Garten. Auch in Töpfen können Zier- und Nutzpflanzen kombiniert werden. Ringelblumenblüten leuchten zwischen großen Kohlblättern besonders intensiv, das Blau von Lobelien passt gut zum Hellgrün von Salat.

TOP TIPP Wählen Sie Gemüse, das gut aussieht und schmeckt, so wie Borlotti-Bohnen, Artischocken, Kürbis und Rote Bete.

Ein klassischer Cottage-Garten mit Palmkohl, Salat, Aubergine und Tomaten zwischen Fingerhut und Funkien.

IN FREMDEN GÄRTEN

Mit den Jahren werden Sie womöglich mehr anbauen wollen, als im Garten oder auf der Terrasse möglich ist. Dann ist es Zeit, sich nach anderen Möglichkeiten umzusehen. Einen Schrebergarten zu pachten liegt nah. Aber oft ist die Nachfrage hoch und die Warteliste lang. Erzählen Sie im Bekanntenkreis, dass Sie einen Platz zum Gärtnern suchen. Vielleicht freut sich ein Freund oder Verwandter über Hilfe im Garten und Sie teilen die Ernte anschließend.

Der Informationsaustausch zwischen Gärtnern funktioniert heute oft durch Social-Media-Gruppen und Apps; darunter auch solche, in denen Gartenbesitzer Mit-Gärtner suchen. Lassen Sie sich jedoch nur darauf ein, wenn Sie mit den Bedingungen einverstanden und Ihnen die Gartenbesitzer sympathisch sind. Viele urbane Gartenprojekte bieten auch für Einzelpersonen Beetflächen an. Das ist eine tolle Möglichkeit, Gleichgesinnte kennenzulernen.

Gemeinschaftsgärten bieten Platz, Gemüse anzubauen, und die Möglichkeit, von erfahrenen Gärtnern zu lernen.

Salat wird oft als Saatgutmischung angeboten, sodass Sie mit einer Packung verschiedene Sorten anbauen können. Hier wurden Ringelblumen zwischen die Köpfe gesät. Sie sollen Nützlinge anlocken, zum Beispiel Schwebfliegen, die Blattläuse jagen. Die Blütenblätter der Ringelblume sind essbar und passen gut in Salate.

SALATE UND KRÄUTER

Wer sie selbst anbaut, wird nie wieder einen langweiligen Salat essen müssen. Manche Arten schmecken saftig, andere knackig, süßlich, scharf oder bitter. Der Anbau geht schnell, ist günstig und funktioniert auf kleinster Fläche.

FRISCHE BLÄTTER RUND UMS JAHR

Da Salate und einjährige Kräuter schnell wachsen und leicht anzubauen sind, können sie fast rund ums Jahr geerntet werden. Dafür sollte man sie kontinuierlich alle zwei bis drei Wochen in kleinen Mengen aussäen. Beginnen Sie im Vorfrühling im Freiland mit der Aussaat von Salaten, Rauke und Petersilie. Mögen Sie kräftige Aromen, sind Ampfer und Blattsellerie empfehlenswert. Für Herbst und Winter sind Wintersorten von Kopfsalat sowie Radicchio und Endivie geeignet. Wird es sehr kalt, sollten sie mit Pflanzglocken geschützt werden. Oder Sie bauen stattdessen Schnittsalate und Erbsensprossen auf der Fensterbank an.

KOMPAKTER WUCHS

Salate gehören zu den produktivsten Gemüsearten für kleine Flächen. Durch das flache Wurzelwerk gedeihen sie auch in Töpfen und können auf der Fensterbank, auf Balkonen und Terrassen angebaut werden. Pflücksalate brauchen nur etwas Erde, um zwei bis drei Erntedurchgänge junger Blätter zu ergeben, und sind ideal für den Anbau in Töpfen. Das schnelle Wachstum macht Salate zu idealen Zwischenkulturen und sie sind perfekt, um unerwartete Lücken im Beet aufzufüllen. Auch Kräuter gedeihen in Töpfen. In Beeten bereichern sie das Bild mit dekorativen Blüten oder als Einfassungspflanzen.

WAS SIE BRAUCHEN

Blattsalate wachsen in gut durchlässigen Böden, brauchen aber gleichmäßige Feuchtigkeit, um schöne Köpfe zu bilden. Pflanzen im Topf und in Hochbeeten müssen gegossen werden, bevor sie schlaff werden, und sollten besser im Halbschatten positioniert werden. Viele Salatsorten und einjährige Kräuter neigen zum Schießen. Stehen sie zu trocken, wachsen sie sehr schnell und blühen. Die Blätter bleiben dann klein und werden bitter. Rauke und Asia-Salate neigen zum Schießen, wenn sie zu früh im Jahr gesät wurden. Die meisten Salate und Kräuter benötigen einen Schneckenschutz. Sonst vernichten die gefräßigen Tiere über Nacht ganze Reihen von Jungpflanzen.

SALATE

Schnell und einfach anzubauen und sehr erfrischend: Salate sind ein Must-have für Gemüsegärtner. Sie gedeihen im Boden oder in Töpfen und das fast rund ums Jahr. Wählen Sie zwischen Sorten, die dichte Köpfe bilden, und Pflücksalaten mit lockerem Wuchs, die einfach zu ernten sind.

SCHWIERIGKEIT Einfach
AUSSAAT März bis Juli (Standardsorten); August bis September (Wintersorten)
BODEN Fruchtbar; feucht; durchlässig
STANDORT Sonnig oder halbschattig
KEIMDAUER 7–10 Tage
ANBAU Aus Samen oder als Jungpflanzen
ERNTEMENGE 6–12 Köpfe pro 2 m Reihe, je nach Sorte

ANBAUKALENDER

	WINTER	FRÜHLING	SOMMER	HERBST
AUSSAAT				
ERNTE				

■ Standardsorten
■ Wintersorten

Zeit von der Aussaat bis zur Ernte
8–12 Wochen

PFLEGEN

GIESSEN Gießen Sie an trockenen Tagen regelmäßig den Boden um die Pflanzen. Die Blätter sollen trocken bleiben, um Verbrennungen und Pilzkrankheiten zu vermeiden (S. 80–81).

SCHÜTZEN Schützen Sie die Aussaaten mit Fallen und Barrieren vor Schnecken. Kontrollieren Sie die Pflanzen abends und sammeln Sie Schädlinge ab. Pflanzglocken schützen die Salate im Frühjahr und Herbst und verlängern die Anbauzeit. Wintersorten werden ins geheizte Gewächshaus gepflanzt.

AUSDÜNNEN Dünnen Sie die Sämlinge, wenn sie etwa 5 cm groß sind, auf ihren endgültigen Abstand aus. Je nach Sorte sind das zwischen 15 und 30 cm. Ziehen Sie überschüssige Pflanzen mit den Fingern heraus und nutzen Sie sie, wenn Sie Salate zubereiten.

SÄEN

Verwenden Sie frisches Saatgut, denn altes keimt nicht gut. Säen Sie vom Vorfrühling bis zum Hochsommer alle 2–3 Wochen kleine Mengen, um kontinuierlich ernten zu können. Streuen Sie die Samen dünn in ganz flache Rillen. Markieren Sie die Reihen mit einem Pflanzschild und bedecken Sie die Samen mit nur wenig Erde. Wässern Sie gründlich mit einer Gießkanne mit Brause. Bei kleineren Sorten sollte der Reihenabstand 15 cm, bei größeren Kopfsalaten 30 cm betragen. Ist es zu warm, keimen die Samen nicht gut. Suchen Sie für Sommeraussaaten daher möglichst ein Plätzchen im Halbschatten aus.

Die Direktsaat von Salat funktioniert gut, wenn der Boden feinkrümelig ist und es nicht wärmer als 25 °C ist.

JUNGPFLANZEN Wenn Sie nur wenige Pflanzen brauchen oder die Direktsaat nicht klappt, ziehen Sie Salat in kleinen Töpfen vor oder kaufen Sie Jungpflanzen. Pflanzzeit ist von März bis Juni. Beim Vorziehen werden zwei bis drei Samen wie oben beschrieben in die Erde gelegt. Wintersorten werden im Spätsommer vorgezogen und dann ins Gewächshaus gepflanzt.

Saatabstand (Pflücksalat) ½ cm
Saattiefe ½ cm
15–30 cm

Schneckenfallen kann man mit biergefüllten Bechern selber machen.

ERNTEN

Salat kann auf mehrere Arten geerntet werden. Pflück- und Kopfsalate schneidet man mit einem scharfem Messer kurz über dem Boden ab. Bei Pflücksalaten können Sie nach Bedarf so viele der äußeren Blätter abknipsen, wie Sie gerade benötigen. So wird die Fläche besser genutzt, da die Pflanzen über mehrere Wochen beerntet werden können. Die Blätter sollten frisch verzehrt werden. In einer Plastiktüte im Kühlschrank halten sie wenige Tage.

Kopfsalate erntet man am besten am frühen Morgen. Sie werden mit einem scharfen Messer an der Basis abgeschnitten.

SORTEN

Bei Salaten gibt es eine riesige Auswahl an Aromen, Texturen und Farben; kompakte Kopfsalate und lockere Pflücksalate. Probieren Sie verschiedene, um Ihren Favoriten zu finden.

'CATALOGNA' Kräftige bittere Pflücksalatsorte; offene Köpfe mit gezacktem Laub

'COCARDE' Attraktive Pflücksalatsorte, mit bronzefarben überhauchtem und eichenblättrigem Laub

'FORELLENSCHLUSS' Knackiger Römersalat mit rot geflecktem zartem Laub

'LITTLE GEM' Kompakter und schnell wachsender Römersalat, der dichte Köpfe aus knackigen, süßen Blättern bildet

'MERVEILLE DES QUATRE SAISONS' Robuster Kopfsalat mit rot-grünen Blättern für den frühen Anbau

'RED SALAD BOWL' Schnellwachsender, rotblättriger Eichblattsalat, auch als Pflücksalat verwendbar, ideal für Anfänger

'TOM THUMB' Kopfsalat mit kompakten Köpfen mit nur 13 cm Durchmesser; ideal für Töpfe und kleine Gärten

ZUM AUSPROBIEREN

Viele Pflücksalatsorten können 3–4 Wochen nach der Aussaat als Schnittsalat geerntet werden. So können kleine Flächen optimal genutzt werden. Säen Sie die Samen flach in einer breiten Rille direkt ins Beet oder in eine mit Universalerde gefüllte Aussaatschale. Der Abstand in der Reihe sollte 1 cm betragen. Sind die Pflänzchen etwa 5 cm groß, schneiden Sie oberhalb des Herzens mit einer Schere so viel ab, wie Sie benötigen. Gießen Sie die Pflanzen weiterhin regelmäßig, wächst eine zweite, manchmal sogar eine dritte Ernte heran.

Salate sind nicht gut haltbar. Schnittsalat ist daher eine tolle Möglichkeit, immer frischen Salat ernten zu können.

RADICCHIO UND ENDIVIE

SCHWIERIGKEIT Einfach
AUSSAAT April bis Juli
BODEN Feucht; nährstoffreich; durchlässig
STANDORT Vollsonnig; halbschattig
KEIMDAUER 7–21 Tage
ANBAUEN Aus Samen ziehen oder Jungpflanzen setzen.
ERNTEMENGE 6–8 Köpfe pro 2 m Reihe

Ihre leicht bitteren knackigen Blätter verraten, dass Radicchio und Endivie zu den Zichoriengewächsen gehören. Radicchio bildet dichte dunkelrote Köpfe, Endivie flachere, gerüschte Rosetten grüner Blätter. Der Anbau ist ähnlich.

ANBAUKALENDER

	WINTER	FRÜHLING	SOMMER	HERBST
AUSSAAT				
ERNTE				

Zeit von der Aussaat bis zur Ernte
12–14 Wochen

SÄEN

Blattzichorien werden im Vollfrühling ausgesät und im Sommer blattweise geerntet. Üblicher ist die Aussaat im Sommer nach einer anderen Kultur. Dann wachsen sie zu den beliebten Köpfen heran, die den Herbst über auf dem Beet bleiben können.

AUF DEM BEET Ebnen Sie den Boden mit einer Harke. Markieren Sie die Reihe mit einer Schnur und ziehen Sie eine flache Rille. Nun säen Sie aus, markieren die Reihe, bedecken die Samen mit wenig Erde und wässern gründlich. Reihenabstand: 30 cm.

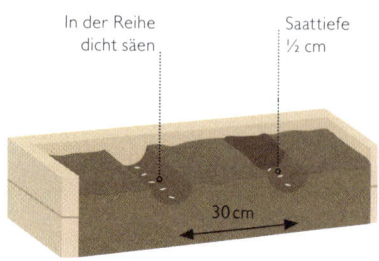

In der Reihe dicht säen · Saattiefe ½ cm · 30 cm

Streuen Sie die Samen mit Daumen und Zeigefinger in die Rille.

IN TÖPFEN Auf kleiner Fläche oder wenn Schnecken ein Problem sind, können Sie Jungpflanzen in Multitopfplatten oder Anzuchttöpfen vorziehen. Füllen Sie diese mit Universalerde und drücken Sie eine Mulde hinein, in die Sie zwei Samen legen. Decken Sie die Samen mit wenig Erde ab, beschriften Sie die Töpfe und wässern Sie sie gründlich. Stellen Sie sie zum Keimen nach draußen, auf ein Fensterbrett oder in ein Gewächshaus.

PFLEGEN

AUSDÜNNEN Dünnen Sie die Sämlinge je nach Sorte nach und nach auf 25–35 cm aus, indem Sie sie herausziehen oder mit der Schere abschneiden und in Salaten verwenden. Im Haus vorgezogene Pflanzen müssen abgehärtet werden, bevor sie ins Freie können. Sie werden im Abstand von 25–35 cm gepflanzt und kräftig angegossen.

GIESSEN Pflanzen im Beet müssen nur bei heißem, trockenem Wetter gegossen werden. Sie bilden sonst vorzeitig Blüten, sie »schießen«. Pflanzen in Töpfen profitieren von regelmäßigen Wassergaben. Die Blätter sollten trocken bleiben, damit sie nicht faulen. Halten Sie die Reihen unkrautfrei.

Dünnen Sie Radicchio aus, wenn die Sämlinge sich gut greifen lassen.

SCHÜTZEN Schnecken können Zichorien schädigen. Schützen Sie die Pflanzen daher mit Barrieren und Fallen. In kühlen Regionen schützt man sie mit Pflanzglocken oder einem Vliestunnel vor Frost. Dann überstehen die Pflanzen Herbst und Winter gut. Sorgen Sie in dieser Zeit für gute Belüftung, damit die Blätter nicht faulen.

ERNTEN

Haben sich Köpfe gebildet, schneiden Sie diese mit einem Messer oder einer Schere kurz über der Erde ab. Die Strünke bleiben im Boden und treiben erneut aus. Radicchio und Endivie werden meist roh gegessen. Man kann sie aber auch backen oder dünsten.

Mit Vlies bespannte Bögen sind ein guter Schutz vor Kälte.

Die länglichen Trevisosorten werden als Blätter geerntet.

Radicchio verträgt leichten Frost. Die äußeren Blätter schützen die Köpfe.

ZUM AUSPROBIEREN

Bekommen Endivien kein Licht, werden die Blätter blasser und schmecken weniger bitter. Für das sogenannte Bleichen müssen die Köpfe fast erntereif und trocken sein. Sie schimmeln sonst. Legen Sie einen Teller oder einen anderen großen runden Gegenstand mittig auf die Pflanze. Nach 10–14 Tagen sind die Blätter darunter fast weiß. Sammeln Sie während des Bleichens regelmäßig Schnecken ab. Gebleichte Köpfe müssen Sie rasch ernten und essen, da sie nicht sehr haltbar sind.

Gebleichte Endivien passen perfekt zu Birnen und Blauschimmelkäse.

SORTEN

Achten Sie bei der Auswahl der Sorten auf die Winterhärte und die Aussaat- und Erntezeiten.

'AURELIA' Blattzichorie mit löwenzahnähnlichen Blättern für die Ernte im Herbst

'ESCARIOL' Kältetolerante Endivie mit großen Köpfen; gut lagerfähig

'GRANATO' Dunkelrote Radicchiosorte für den Herbstanbau mit den länglichen Köpfen der Treviso-Gruppe

'PALLA ROSSA' Herbe, aber feste Radicchiosorte für die Spätherbst- und Winterernte

RAUKE UND ASIA-SALAT

Diese Blattgemüse verleihen Salaten einen kresseartig-scharfen Frische-Kick und sind einfach anzubauen. Die Blätter können schon vier Wochen nach der Saat das erste Mal geschnitten werden und wachsen während des Sommers wieder nach. Mögen Sie die pfeffrige Schärfe von Rauke, auch Rucola genannt, sind die anderen hier vorgestellten Arten und Sorten ebenfalls einen Versuch wert.

SCHWIERIGKEIT Einfach
AUSSAAT März bis August (Freiland); September (im Haus)
BODEN Durchlässig; feucht
STANDORT Sonnig; im Sommer halbschattig
KEIMDAUER 5–10 Tage
ANBAU Aus Samen
ERNTEMENGE 1 kg pro 2 m Reihe

ANBAUKALENDER

	WINTER	FRÜHLING	SOMMER	HERBST
AUSSAAT				
ERNTE				

Freiland
Im Haus

Zeit von der Aussaat bis zur Ernte
4–6 Wochen

SÄEN

Rauke wird dicht gesät und ergibt schnell eine gute Ernte. Daher ist sie als Lückenfüller auf dem Beet oder für den Anbau in Töpfen gut geeignet. Bei einer Aussaat in heißen Perioden tendiert Rauke zum Schießen. Besser ist es, sie dann als Mischkultur im Halbschatten größerer Pflanzen anzubauen.

AUF DEM BEET Das Beet sollte unkrautfrei, eben und frei von Klumpen oder Steinen sein. Ziehen Sie mit einer Hacke eine flache, etwa 10 cm breite Rille von 1 cm Tiefe. Streuen Sie die Samen mit

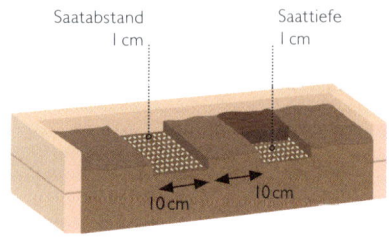

Die essbaren Blüten sollten zugunsten des Blattwachstums geschnitten werden.

etwa 1 cm Abstand hinein. So sparen Sie sich das Vereinzeln. Bedecken Sie die Samen mit Erde, markieren Sie die Reihen mit Schildern und gießen sie gut an. Alternativ können Sie auch im Abstand von 10 cm schmale Rillen ziehen. Säen Sie Rauke alle 2–3 Wochen aus und lassen Sie dabei 10 cm Platz zwischen den Reihen.

IN TÖPFEN Säen Sie in breite Gefäße wie Balkonkästen oder Wannen. So haben Sie viel Fläche zur Verfügung. Füllen Sie die Gefäße bis etwa 3 cm unterhalb des oberen Randes mit Universalerde und streuen Sie die Samen mit 1 cm Abstand darauf. Decken Sie die Samen anschließend 1 cm dick mit Erde ab. Markieren Sie die Aussaat, gießen Sie gründlich und stellen Sie die Gefäße sonnig bis halbschattig auf. Herbstaussaaten auf der Fensterbank können zu Winterbeginn geerntet werden.

Werden Raukesamen dünn ausgesät, müssen sie nicht ausgedünnt werden.

PFLEGEN

GIESSEN Halten Sie die Erde feucht, um das Wachstum zu fördern und ein Schießen zu vermeiden. Im Topf müssen die Pflanzen in Hitzeperioden täglich gegossen werden, nach dem ersten Schnitt mit einer Gabe Flüssigdünger.

SCHÜTZEN Rauke wird wie Asia-Salate häufig von Erdflöhen befallen, die kleine, runde Löcher in das Laub fressen. Ein leichter Befall stört nicht, starke Schäden können durch das Abdecken des Bodens mit Mulch oder durch ein Gemüseschutznetz vermieden werden.

Netze mit 0,8 mm Maschenweite halten die meisten Schädlinge fern.

ERNTEN

Die Blätter sind erntereif, wenn sie 8–10 cm groß sind. Je kleiner sie sind, desto milder ist ihr Geschmack. Verwenden Sie eine Schere oder ein scharfes Messer und schneiden Sie die Pflanzen etwa 2 cm über der Erde. So bleibt das Herz intakt und die Pflanzen bilden weiter Blätter. Benötigen Sie nur kleine Mengen, knipsen Sie die äußeren Blätter einzeln mit den Fingern ab. Pflanzen, die zu schießen beginnen oder sehr trocken stehen, werden erst scharf, dann bitter. Raukeblüten sind ebenfalls essbar. Die scharfen Blätter ergeben mit Kopfsalat und anderen mild schmeckenden Blattgemüsearten leckere Salate.

Schneiden Sie Rauke und Asia-Salate morgens, wenn sie noch knackig sind, und verzehren Sie sie möglichst bald nach der Ernte.

ZUM AUSPROBIEREN

Es lohnt sich mit der großen Vielfalt an Farben, Strukturen und Geschmäckern zu experimentieren, die die Arten und Sorten bieten, die zum mehrmaligen Ernten geeignet sind. Viele Blattgemüse wie Babyspinat, Pflücksalate, Mangold, Chicoree, Pak Choi, Komatsuna und die Asia-Salatsorten Mizuna und Mibuna werden genau wie Rauke angebaut. Sie können sie in verschiedenen Reihen säen, auf eine fertige Saatgutmischung zurückgreifen oder selber einen Mix zusammenstellen.

Wer einmal einen Salat mit frisch geschnittenen Blättern probiert hat, wird nie wieder im Supermarkt zu einer Fertigmischung greifen.

Mibuna bereichert Pfannengerichte mit pfeffriger Schärfe.

SORTEN

Entscheiden Sie nach Geschmack oder mischen Sie verschiedene Farben und Aromen.

BLATTSENF 'MIBUNA' Bildet reichlich weiche, aufrechte Blätter mit hellem Stiel und einem leicht schartem Aroma

BLATTSENF 'RED GIANT' Attraktive Pflanze mit rundlichen, dunkelroten Blättern; meerrettichähnlicher Geschmack

SALATRAUKE 'ASTRA' Kräftige Sorte mit geschmacksintensivem, schmalem, gezahntem Laub; sehr schossfest

WASABI-RAUKE Weißblühende Rauke-Art mit frischem kresseähnlichen Geschmack

AMPFER

Ampfer bereichert Salate mit einer pikanten Säure. Der Anbau der mehrjährigen Pflanze ist einfach. Sie überwintert im Boden und treibt im Frühjahr wieder aus. Wenn Sie Ampfer an wechselnden Plätzen im Garten anbauen möchten, ist auch die Anzucht aus Samen möglich.

SCHWIERIGKEIT Einfach
AUSSAAT März (im Haus); April bis Juni (Freiland)
BODEN Durchlässig; feucht
STANDORT Sonnig; halbschattig
KEIMDAUER 7–14 Tage
ANBAU Aus Samen ziehen oder Jungpflanzen setzen
ERNTEMENGE Etwa 6 Büschel pro 2 m Reihe

ANBAUKALENDER

	WINTER	FRÜHLING	SOMMER	HERBST
AUSSAAT				
ERNTE				

Im ersten Jahr
Folgejahre

Zeit von der Aussaat bis zur Ernte
8–10 Wochen

SÄEN

Wegen seines intensiven Geschmacks werden meist nur einzelne Pflanzen angebaut. Ampfer kann ab dem Erstfrühling 1 cm tief ins Beet gesät werden. Für eine frühe und zuverlässige Ernte ist es jedoch besser, ihn von Vorfrühling bis Frühsommer vorzuziehen und später auszupflanzen.

Füllen Sie eine Aussaatplatte mit Universalerde. Drücken Sie 1 cm tiefe Löcher hinein, in die Sie je zwei Samen legen. Dann schließen Sie die Löcher wieder, gießen und beschriften Sie die Aussaat. Frühe Aussaaten stellen Sie zur Keimung auf die Fensterbank; späte an einen sonnigen Platz im Freien.

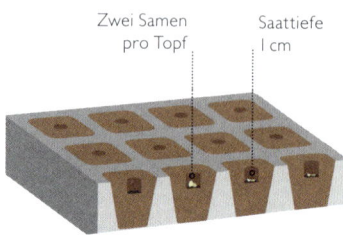
Zwei Samen pro Topf — Saattiefe 1 cm

PFLEGEN

Im Vollfrühling wird Ampfer im Abstand von je 30 cm an einen sonnigen bis halbschattigen Platz gepflanzt. Auch in großen Töpfen gedeiht er gut. Gießen Sie nach dem Pflanzen durchdringend und in der Folgezeit regelmäßig. Kneifen Sie Blütenstiele heraus, sobald sie im Sommer erscheinen. Das regt die Pflanzen an, Blätter zu bilden. Das Laub stirbt im Spätherbst ab, aber die Pflanzen sind winterhart und treiben im nächsten Frühjahr wieder aus.

Sauer-Ampfer-Pflanzen können 45 cm hoch und breit werden.

ERNTEN

Im Hochsommer sollten vorgezogene Pflanzen dichte Büschel von Blättern gebildet haben, die Sie nach Bedarf mit den Fingern abknipsen können. Wird Ampfer als mehrjährige Pflanze angebaut, die im Beet überwintert, treibt sie ab dem Vorfrühling neue Blätter.

AMPFER-ARTEN

Wählen Sie die Art nach Aussehen und Geschmack.

SCHILD-AMPFER oder Römischer Ampfer hat breite Blätter, die perfekt für Salate sind

SAUER-AMPFER Verbreitete Wiesenpflanze mit aufrechten Blättern mit zitronigem Geschmack

BLUT-AMPFER Attraktive Art mit schmalen, hellgrünen Blättern und dunkelroten Blattadern

Blut-Ampfer ist in Beeten und Töpfen ein dekorativer Hingucker.

SCHNITTSELLERIE

Dieses in Vergessenheit geratene, winterharte und robuste Würzkraut wird wegen seiner Blätter, die an Petersilie erinnern, angebaut. Sie werden in Salaten, Eintöpfen und Suppen verwendet. Schnittsellerie ist kinderleicht im Anbau und kann über Monate hinweg mehrfach beerntet werden.

SCHWIERIGKEIT Einfach
AUSSAAT März bis Juni (im Haus)
BODEN Durchlässig; feucht
STANDORT Sonnig; halbschattig
KEIMDAUER 14–21 Tage
ANBAU Aus Samen
ERNTEMENGE Etwa 8 Büschel pro 2 m Beet

ANBAUKALENDER

	WINTER	FRÜHLING	SOMMER	HERBST
AUSSAAT		▓▓	▓	
ERNTE			▓▓	▓▓

Zeit von der Aussaat bis zur Ernte
10 Wochen

SÄEN

Die Aussaat erfolgt im Vorfrühling im Haus. Stellen Sie die Töpfe bei 10–15 °C auf eine Fensterbank. Niedrigere Temperaturen führen zum Schießen. Bedecken Sie die Samen nur dünn mit Erde oder Sand; es sind Lichtkeimer. Bleiben Sie geduldig, die Keimung dauert lange, dafür kann Schnittsellerie auch lange beerntet werden. Eine zweite Aussaat im Hochsommer ist möglich.

PFLEGEN

Härten Sie die Pflanzen ab, bevor Sie sie an einen sonnigen oder halbschattigen Platz setzen. In der Reihe beträgt der Abstand 25 cm, der Reihenabstand

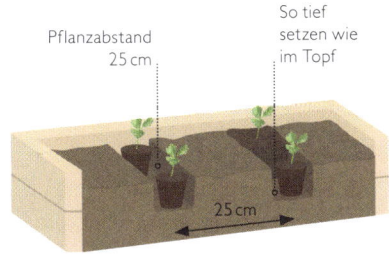

Pflanzabstand 25 cm
So tief setzen wie im Topf

Säen Sie Schnittsellerie dünn aus und stellen Sie ihn nicht zu kalt.

sollte ebenfalls 25 cm sein. Oder finden Sie für die sattgrünen Pflanzen einen Platz im Ziergarten. Gießen Sie kräftig und schützen Sie den Schnittsellerie vor Schnecken. Hat er sich einmal etabliert, benötigt er kaum noch Pflege.

ERNTEN

Die ersten Blätter können 4–6 Wochen nach dem Auspflanzen gepflückt werden. Knipsen Sie die äußeren Blätter ab,

Schnittsellerie wird oft einjährig angebaut, da er zum Schießen neigt.

wachsen im Inneren neue nach. Schnittsellerie kann auch im Winter geerntet werden, allerdings wächst dann nur wenig nach. Im Frühjahr bilden die Pflanzen zierliche weiße Blütenschirme.

SORTEN

Saatgut wird meist ohne Sortenbezeichnung angeboten. Es gibt glatte und krause Sorten.

DIE WILDFORM (*Apium graveolens*) hat breite, gezackte Blätter und kräftige, aber schlanke Stiele

'KRAUSER' Schnittsellerie, der im Aussehen an krause Petersilie erinnert, aber wie Sellerie schmeckt

SPROSSEN

Schnell, nahrhaft und reich an Geschmack und Vitamin C – Erbsen- und Bohnensprossen können das ganze Jahr auf der Fensterbank gezogen werden. Sie vermitteln erste Erfahrungen im Gemüseanbau und werden schon bald unverzichtbarer Bestandteil von Salaten und Pfannengerichten.

SCHWIERIGKEIT Einfach
AUSSAAT Ganzjährig (im Haus)
BODEN Durchlässig; feucht
STANDORT Sonnige Fensterbank
KEIMDAUER 3–5 Tage
ANBAU Aus Samen
ERNTEMENGE 250 g pro Standard-Aussaatgefäß

ANBAUKALENDER

	WINTER	FRÜHLING	SOMMER	HERBST
AUSSAAT				
ERNTE				

Zeit von der Aussaat bis zur Ernte
2–3 Wochen

ERNTEN

Die Sprossen werden geerntet, wenn sie etwa 8 cm lang sind. Kleine Mengen zur Dekoration können Sie mit dem Finger abknipsen, für größere nehmen Sie die Schere. Nach dem zweiten Schnitt werden Erde und Samen auf dem Kompost entsorgt.

SÄEN

Weichen Sie die Samen für ein bis zwei Stunden ein, dann keimen sie schneller. Wählen Sie einen großen, flachen Behälter, der gut auf Ihre Fensterbank passt. Füllen Sie die Schale bis etwa 2 cm unter dem Rand mit Universalerde. Gießen Sie die eingeweichten Samen ab und streuen Sie sie auf der Erde mit einem Abstand von etwa 0,5 cm aus. Bedecken Sie die Samen mit 1 cm Erde und gießen Sie sie an. Die Schale sollte nun mit einem Untersetzer auf eine warme, sonnige Fensterbank gestellt werden. Säen Sie alle vier Wochen neue Samen aus, sind Sie das ganze Jahr gut mit Sprossen versorgt.

Die Samen in die Saatschale streuen und mit einer Erdschicht in der Stärke der Samendicke bedecken.

Werden die Triebe über dem ersten Blatt geschnitten, können sie nach etwa zwei Wochen wieder beerntet werden.

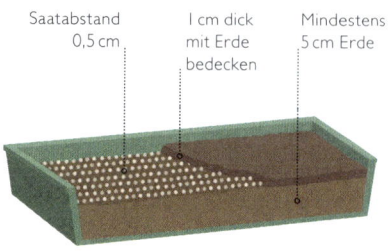

Saatabstand 0,5 cm · 1 cm dick mit Erde bedecken · Mindestens 5 cm Erde

PFLEGEN

Gießen Sie regelmäßig, sodass die Erde nicht austrocknet, aber achten Sie darauf, dass keine Staunässe herrscht. Drehen Sie die Schale täglich ein Stück, sobald die Keime durch die Erde brechen. Dann wachsen die Sprossen gleichmäßig zum Licht.

SORTEN

Alle Samen von Erbsen und Dicken Bohnen können als Sprossen gezogen werden, aber es sind große Mengen notwendig. Um Geld zu sparen, verwenden Sie spezielles Sprossensaatgut oder Trockenware aus dem Supermarkt oder dem Bioladen.

KRESSE UND MICROGREENS

Kressekeimlinge werden schon lange in der Küche verwendet, aber viele andere Gemüse und Kräuter können genauso gezogen werden. Diese »Microgreens« sind eine gute Möglichkeit, aus Saatgutresten eine schnelle Ernte zu ziehen.

SCHWIERIGKEIT Einfach
AUSSAAT Ganzjährig (im Haus)
BODEN Durchlässig; feucht
STANDORT Sonnige Fensterbank
KEIMDAUER 2–5 Tage
ANBAU Aus Samen
ERNTEMENGE 150 g pro Standard-Aussaatgefäß

ANBAUKALENDER

	WINTER	FRÜHLING	SOMMER	HERBST
AUSSAAT				
ERNTE				

Zeit von der Aussaat bis zur Ernte
1–3 Wochen

ERNTEN

Kresse wird üblicherweise geerntet, wenn sie etwa 5 cm groß ist und zwei Keimblätter hat. Andere Microgreens schneidet man, wenn sie zwei »echte« Blätter gebildet haben, die aussehen wie die großen. Schneiden Sie die gewünschte Menge Stängelchen mit einer Schere an der Basis ab und verwenden Sie sie möglichst frisch in Salaten und auf Sandwiches.

SÄEN

Für Microgreens eignen sich Aussaatkisten oder alte Plastikschalen. Füllen Sie diese bis etwa 1 cm unter den Rand mit Universalerde. Je glatter die Oberfläche ist, desto gleichmäßiger läuft die Keimung ab. Entfernen Sie kleine Klumpen, klopfen Sie die Erde vorsichtig fest und befeuchten Sie sie durchdringend. Streuen Sie die Samen reichlich und gleichmäßig aus, geben Sie etwa 0,5 cm dick Erde darauf und gießen Sie erneut. Um das ganze Jahr zu ernten, wird im Abstand von 2–4 Wochen nachgesät.

Zum Gießen der Microgreens eignet sich eine Gießkanne mit Brause.

PFLEGEN

Stellen Sie die Schale auf einem Untersetzer auf eine warme, sonnige Fensterbank. Die Erde sollte nie austrocknen, die Schale aber auch nie für längere Zeit im Wasser stehen. Drehen Sie die Schale täglich, wenn sich die ersten Keimlinge zeigen.

ARTEN UND SORTEN

Seien Sie offen für alles mögliche und finden Sie so heraus, welche sie mögen. Bevorzugen Sie Arten mit besonderem Geschmack und intensiver Farbe.

ASIA-SALAT Mit durchdringendem Meerretticharoma; rote und grüne Sorten
BASILIKUM Kräftiger anisähnlicher Geschmack; rote und grüne Sorten
GRÜNKOHL 'RED RUSSIAN' Violett geaderte Blätter mit leichtem Kohlgeschmack
KORIANDER Frische grüne Keimlinge mit intensivem, leicht zitronigem Aroma
MANGOLD 'BRIGHT LIGHTS' Mehrfarbige Mangoldsorte; leicht erdiger Geschmack
ROTER AMARANTH Dunkelrote Keimlinge mit leicht erdigem Geschmack
SALAT-RAUKE Grüne Keimlinge mit kräftig-scharfem Geschmack

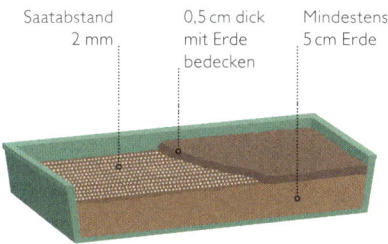

Saatabstand 2 mm | 0,5 cm dick mit Erde bedecken | Mindestens 5 cm Erde

KRÄUTER

Petersilie, Koriander, Kerbel, Dill und Basilikum sind ein- bzw. zweijährige Pflanzen mit weichen Stielen und aromatischem Laub. Als frische Kräuter sind sie im Laden oft teuer. Der Anbau im Garten lohnt sich also. Um das ganze Jahr versorgt zu sein, werden sie mehrmals nacheinander gesät.

SCHWIERIGKEIT Einfach
AUSSAAT März (im Haus); April bis Spätsommer (Freiland)
BODEN Durchlässig; feucht
STANDORT Sonnig oder halbschattig
KEIMDAUER 7–21 Tage
ANBAU Aus Samen ziehen oder Jungpflanzen setzen
ERNTEMENGE Etwa 500 g pro 2 m Reihe

ANBAUKALENDER

	WINTER	FRÜHLING	SOMMER	HERBST
AUSSAAT				
ERNTE				

■ Im Haus
■ Im Freiland

Zeit von der Aussaat bis zur Ernte
4–10 Wochen

SÄEN

Oft gibt es Jungpflanzen zu kaufen, aber wenn Sie viel mit Kräutern kochen, ist es sinnvoll, sie aus Samen zu ziehen. Säen Sie vom Frühling bis zum Frühherbst kontinuierlich alle 2–4 Wochen aus, sind Sie pausenlos gut versorgt. Die meisten Kräuter vertragen leichten Frost. Basilikum braucht jedoch Wärme und sollte nur im Sommer draußen stehen. Ansonsten ist ein kühler Platz auf der Fensterbank geeignet.

AUSSAAT IN PLATTEN Säen Sie im Vorfrühling in Multitopfplatten oder Anzuchttöpfe und stellen Sie diese bis zum Auspflanzen im Vollfrühling auf eine sonnige Fensterbank. Füllen Sie

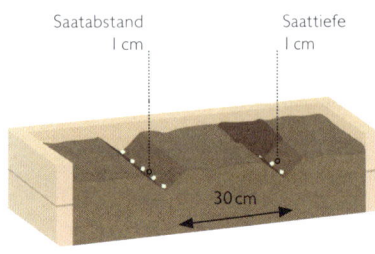

Saatabstand 1 cm — Saattiefe 1 cm — 30 cm

Für die Aussaat von Kräutern sind schmale Multitopfplatten gut geeignet, die auf die Fensterbank passen.

die Töpfe mit Erde, legen Sie je drei Samen hinein und bedecken Sie diese 5 mm dick mit Erde. Entfernen Sie schwache Sämlinge, wenn pro Topf mehr als ein Samen keimt. Säen Sie laufend nach, um im Frühjahr und Sommer immer Jungpflanzen zur Verfügung zu haben.

DIREKTSAAT IM BEET Kräuter werden gesät, sobald der Boden sich erwärmt hat. Basilikum ist im Frühsommer an der Reihe. Kräuter können vollsonnig stehen, Koriander und Kerbel sind im Sommer für etwas Schatten dankbar. Spannen Sie eine Schnur über das Beet und ziehen Sie entlang dieser mit einer Hacke eine Rille von 1 cm Tiefe. Legen Sie die Samen 1 cm voneinander entfernt ab. Schließen Sie die Rille mit Erde, markieren Sie die Reihe und halten Sie sie feucht. Zwischen den Reihen ist ein Abstand von 30 cm empfehlenswert. Auch in Töpfen, Balkonkästen oder Obstkisten kann ausgesät werden.

Nutzen Sie Ihre Lieblingskräuter, um Beetränder zu gestalten.

PFLEGEN

AUSPFLANZEN ODER AUSDÜNNEN

Pflanzen aus dem Haus müssen abgehärtet werden. Setzen Sie die Kräuter mit einem Reihenabstand von 30 cm (Pflanzabstände s. Kasten rechts). Direktsaaten werden auf den gewünschten Abstand ausgedünnt.

PFLANZABSTÄNDE
- PETERSILIE 15 cm
- BASILIKUM 20 cm
- KORIANDER 5 cm
- KERBEL 23 cm
- DILL 20 cm

GIESSEN Halten Sie den Boden feucht. Das fördert das Laub und hält die Pflanzen kompakt. Kräuter in Töpfen sollten im Sommer täglich gegossen werden. Beete sollten gleichmäßig feucht sein. Gießen Sie morgens, damit die Pflanzen nicht über Nacht in der nassen Erde stehen. So wird Fäulnis vermieden. Topfkräuter sollten wöchentlich Flüssigdünger erhalten.

Härten Sie Petersilie ab, indem Sie sie über zwei Wochen jeden Tag etwas länger nach draußen stellen.

Koriander schießt schnell ins Kraut. Mit regelmäßigen Wassergaben bildet er für längere Zeit frische Blätter.

ERNTEN

Kräuter sollten regelmäßig geerntet werden. Das regt sie an, frisches Laub zu bilden und buschig zu wachsen, statt in die Blüte zu gehen. Am prallsten sind die Blätter morgens, wenn der Tau getrocknet ist. Am besten ist es jedoch, sie bei Bedarf immer frisch zu ernten.

Pflücken Sie bei Petersilie und Kerbel die äußeren Triebe. Koriander wird 5 cm über dem Boden geschnitten und wächst nach. Bei Basilikum werden die Triebspitzen mit dem Finger oberhalb einer Blattachsel abgeknipst; Dill wird nach Bedarf geschnitten. Blütenstiele sollten immer entfernt werden, da sie das Blattwachstum hemmen. Der Geschmack der Kräuter lässt sich durch Einfrieren in Eiswürfelformen oder in Kräuteressig oder -öl konservieren. Kräuter mit weichen Blättern sind zum Trocknen nicht geeignet.

Grüner und roter Basilikum ergeben zusammen einen tollen Effekt.

ARTEN UND SORTEN

Von den meisten Kräutern gibt es viele Sorten, meist mit speziellem Geschmack und eigenen Bedürfnissen. Starten Sie mit den Klassikern und gehen Sie dann auf Entdeckungsreise.

BASILIKUM 'GENOVESE' Gut wachsend und mit würzigen, großen Blättern
BASILIKUM 'RED RUBIN' Wunderschöne dunkelrote Blätter; leider etwas pilzanfällig
DILL 'HERA' Bildet dichtes Laub und erst spät Blüten
KERBEL Die farnähnlichen Blätter der Wildart *Anthriscus cerefolium* brauchten keine Verbesserung durch Züchter
KORIANDER 'LEISURE' Großblättrige Sorte, die erst spät in Blüte geht
PETERSILIE 'ITALIENISCHE RIESEN' Sehr robuste glatte Sorte mit intensivem Aroma
PETERSILIE 'MOOSKRAUSE' Stark gekräuselte, fast stachelig wirkende Blätter mit kräftigem Geschmack

MEHRJÄHRIGE KRÄUTER

Die weichen Stiele von Minze, Estragon und Gewürzfenchel sterben im Winter ab, die Pflanzen treiben aber im Frühjahr wieder aus und bilden aromatische Blätter. Sie passen in Kräuter- oder Zierbeete sowie in Töpfe.

SCHWIERIGKEIT Einfach
AUSSAAT/PFLANZUNG März bis Juni
BODEN Durchlässig
STANDORT Vollsonnig; halbschattig
KEIMDAUER 7–14 Tage
ANBAU Aus Samen (Gewürzfenchel) oder Jungpflanzen (Minze, Estragon)
ERNTEMENGE Etwa 500 g pro 2 m Reihe

ANBAUKALENDER

	WINTER	FRÜHLING	SOMMER	HERBST
AUSSAAT/PFLANZUNG				
ERNTE				

Zeit von der Aussaat bis zur Ernte
6–8 Wochen

SÄEN

Minze und Estragon werden möglichst vorgezogen. Gewürzfenchel verträgt das Umpflanzen nicht gut und sollte daher direkt ins Freiland gesät werden. Säen Sie ihn an einen sonnigen Platz, sobald sich der Boden erwärmt hat. Er benötigt einen sehr durchlässigen Boden. Ziehen Sie eine 1 cm tiefe Rille ins Beet, in die Sie im Abstand von 30 cm drei bis vier Samen legen. Anschließend mit Erde abdecken, die Reihe markieren und angießen. Später auf eine Pflanze pro Punkt ausdünnen.

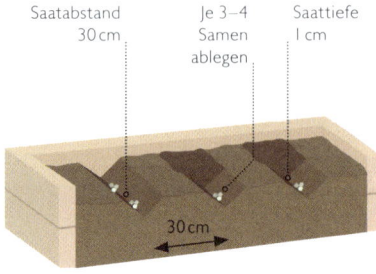

Saatabstand 30 cm • Je 3–4 Samen ablegen • Saattiefe 1 cm

PFLEGEN

AUSPFLANZEN Kaufen Sie Minze und Französischen Estragon in einem Gartencenter oder einer Gärtnerei und pflanzen Sie diese im Frühling oder Frühsommer. Zwischen Minzpflanzen sollte 30 cm, zwischen Estragonpflanzen 60 cm Platz bleiben. Minze bildet viele Ausläufer und kann lästig werden, wenn man sie nicht im Blick behält. Der Anbau im Topf oder mit einer Wurzelsperre schafft Abhilfe. Dafür genügt ein Plastiktopf, dessen Boden man entfernt und ihn dann so tief in den Boden versenkt, dass ein Rand zu sehen bleibt. In diesen wird die Minze gepflanzt.

Pflanzen Sie Estragon in fruchtbare, durchlässige Erde oder in einen großen Topf mit sandiger Erde. Er ist eine attraktive Blattpflanze, die als Beeteinfassung oder in Topfgärten gut aussieht.

Minze verbreitet sich rasant durch Ausläufer. Eine Wurzelsperre verhindert, dass sie lästig wird.

Estragon kann gut in Töpfen gezogen werden. Stellen Sie diese an einen sonnigen und windgeschützten Platz.

GIESSEN Im Frühjahr und Sommer müssen Kräuter in Töpfen regelmäßig gegossen werden. Ein entsprechender Flüssigdünger führt zu üppigem Blattwachstum. Minze bevorzugt einen feuchten Boden und sollte im Topf täglich gegossen werden. Stehen Estragon und Gewürzfenchel im Beet und sind gut angewachsen, brauchen sie nur in langen Trockenphasen Wasser.

ZURÜCKSCHNEIDEN Minze und Gewürzfenchel setzen im Sommer Blüten an und die Blätter werden fest. Um sie anzuregen, neues Laub zu bilden, das im Herbst geerntet werden kann, schneidet man Minze bodennah, Gewürzfenchel auf 30 cm zurück. Düngen und gießen Sie die Pflanzen anschließend. Schneiden Sie den Gewürzfenchel nicht, bildet er wunderschöne gelbe Schirmblüten und später Samen, mit denen er sich stark ausbreitet.

Französischer Estragon bildet nur selten Blüten und muss nur gelegentlich in Form gebracht werden.

ERNTEN

Schneiden Sie die Kräuter nach Bedarf. Minze schmeckt in sommerlichen Gemüsegerichten gut oder als Tee. Das leichte Anisaroma des Gewürzfenchel passt gut zu Fisch; Estragon schmeckt intensiver nach Anis und bereichert Hühnchengerichte. Alle schmecken frisch am besten oder in Essig oder Butter haltbar gemacht. Hängen Sie die Samenstände von Gewürzfenchel zum Trocknen auf, um die Samen zu ernten.

ARTEN UND SORTEN

Im Gegensatz zu Estragon und Gewürzfenchel gibt es Minze in enormer Arten- und Sortenvielfalt.

'BOWLES' Apfelminze mit hohen, kräftigen Stielen und runden, samtigen Blättern
'CHOCOLATE MINT' Attraktives, dunkles Laub; After-Eight-Geschmack
GRÜNE MINZE Weiche, leicht gezahnte Blätter; vielseitig einsetzbar
FRANZÖSISCHER ESTRAGON Hohe Stiele mit schmalen Blättern mit Anisduft; dem Russischen Estragon vorzuziehen

Gewürzfenchel muss gegossen werden, wenn es länger trocken ist.

Mit feinem Laub und hübschen Blüten bereichert Gewürzfenchel den Garten.

ZUM AUSPROBIEREN

Mediterrane Kräuter wie Thymian, Salbei und Rosmarin sind anspruchslose mehrjährige Pflanzen, die verholzen. Sie lieben sonnige Standorte mit durchlässigem Boden und müssen nicht mehr gegossen werden, sobald sie eingewachsen sind. Auch im Topf können mediterrane Kräuter recht trocken stehen. Meist wird man sie als Jungpflanzen kaufen und auspflanzen. Thymian lässt sich in sandiger Erde auch gut aus Samen ziehen. Ernten Sie junge Triebe in der benötigten Menge. Damit die Pflanzen kompakt bleiben, werden sie nach der Blüte zurückgeschnitten.

Mediterrane Kräuter passen perfekt in sonnige Staudenbeete. Ein bis zwei Pflanzen pro Art sind genug, um reichlich ernten zu können.

ERSTE HILFE

Üppige Salatbeete sind wunderschön, aber die saftigen Pflanzen ziehen Schädlinge an, die die Ernte komplett vernichten können. Zarte Blätter sind anfällig für Pilzkrankheiten. Viele Probleme können vermieden werden, wenn Sie sie früh erkennen und schnell reagieren. Pflanzen, die unter optimalen Bedingungen wachsen, sind widerstandsfähiger.

BLATTLÄUSE

SCHADBILD Braune Flecken und krüppeliger Wuchs; sichtbare Blattlauskolonien
URSACHE Blattläuse stechen die Blätter an, um an den Pflanzensaft zu kommen
ABHILFE Pflanzen kontrollieren, einzelne Blattläuse mit den Fingern zerdrücken, um die Vermehrung zu verhindern. Bei geringem Befall können die Läuse vor dem Verzehr abgespült werden

SALATWURZELLAUS

SCHADBILD Eingewachsene Salate welken und sterben ab
URSACHE Saugende Insekten an den Wurzeln
ABHILFE Befallene Salate ausgraben und entsorgen; gesunde Pflanzen feucht halten. Salate im Sommer unter Gemüsenetzen anbauen oder widerstandsfähige Sorten wählen

MÖHRENFLIEGE

SCHADBILD Junge Petersilienpflanzen verfärben sich, kümmern oder sterben ab
URSACHE Kleine weiße Larven der Möhrenfliege in den Petersilienwurzeln
ABHILFE Petersilie nicht auf Flächen anbauen, wo kürzlich Möhren oder Pastinaken standen. Pflanzen feucht halten, damit sie schnell einwachsen; größere Pflanzen verkraften den Befall meist

ERDFLÖHE

SCHADBILD Kleine runde Löcher in den Blättern von Rauke, Asia-Salaten und anderen Kohlgewächsen
URSACHE Fraßschäden durch Käfer
ABHILFE Aussaat in warmem, feuchtem Boden macht Pflanzen widerstandsfähiger. Mit Gemüsenetzen abdecken. Abgestorbenes Laub im Herbst absammeln, die Käfer überwintern darin

SCHNECKEN

SCHADBILD Gezackte Löcher in den Blättern, abgeknabberte Jungpflanzen
URSACHE Fraßschäden durch Schnecken. Meist nachts oder bei feuchtem Wetter
ABHILFE Barrieren aus Sägemehl oder Eierschalen um Aussaaten anlegen, Bierfallen aufstellen, Töpfe mit Kupferband schützen. Tagsüber Verstecke absuchen und nachts absammeln

SCHIESSEN

SCHADBILD Pflanzen wachsen schnell und blühen, statt Laub zu bilden
URSACHE Änderungen der Tageslänge oder Stress, z. B. durch Trockenheit
ABHILFE Den Boden während des Wachstums feucht halten. Zur richtigen Zeit aussäen. Manche Pflanzen reagieren auf die Tageslänge und schießen bei zu früher oder zu später Aussaat

STÄNGELGRUNDFÄULE

SCHADBILD Aussaaten im Haus kippen um, manchmal sind Pilzrasen erkennbar
URSACHE Bodenbürtige Pilze
ABHILFE Aussaat in saubere Töpfe und frische Erde. Nicht zu dicht säen und gut lüften, damit die Luft gut zwischen den Pflanzen zirkulieren kann. Luftfeuchtigkeit senken, um dem Pilz die Vermehrung zu erschweren

FALSCHER MEHLTAU

SCHADBILD Gelbe Flecken auf den Blättern; Pilzrasen auf den Unterseiten, später werden die Blätter braun
URSACHE Pilzbefall, durch feuchte Bedingungen verstärkt
ABHILFE Befallene Blätter im Restmüll entsorgen. Weiterer Pflanzabstand, um den Luftaustausch zu verbessern. Blätter beim Gießen nicht benetzen

PFEFFERMINZROST

SCHADBILD Krüppelig wachsende Pflanzen mit orangen Flecken. Befallene Blätter können abfallen und absterben
URSACHE Pilzkrankheit, die alle Minzearten befällt
ABHILFE Kranke Pflanzen inklusive Wurzeln und Ausläufern so schnell wie möglich entfernen. Neue Minzen an einen anderen Standort setzen

ECHTER MEHLTAU

SCHADBILD Weißer, pelziger Belag auf den Blattoberseiten
URSACHE Pilzkrankheit, die sich meist bei Trockenheit ausbreitet
ABHILFE Regelmäßig gießen, damit die Pflanzen kräftig werden. Luftaustausch, um die Pflanzen durch weiten Pflanzabstand zu verbessern. Befallene Blätter entfernen

Borlotti-Bohnen gehören zu den Trockenbohnen. Die Hülsen werden geerntet, wenn sie trocken sind. Junge Hülsen können jedoch auch frisch zubereitet werden.

ERBSEN UND BOHNEN

Erbsen und Bohnen sind nährstoff- und eiweißreich und liefern zuverlässig einen hohen Ertrag. Mit üppigem Laub, attraktiven Blüten und hängenden Schoten sind sie dekorative Pflanzen und auch für Kinder leicht zu ziehen.

DER GESCHMACK DES SOMMERS

Das erste Mal im Jahr Erbsen und Dicke Bohnen aufzuknacken oder Brechbohnen zu pflücken, gehört zu den Höhepunkten des Frühsommers. Danach heißt es, mit der Entwicklung der wüchsigen Pflanzen Schritt zu halten. Das sollte jedoch nicht allzu schwer fallen, denn die jungen Hülsen lassen sich vielseitig verarbeiten. Stangenbohnen versprechen etwas später im Jahr ebenfalls eine reiche Ernte. Verlängern Sie die Saison, indem Sie späte Aussaaten von Buschbohnen mit einem Vlies schützen und die pink-gefleckten Borlotti-Bohnen und andere Trockenbohnensorten als Wintervorrat anbauen.

ERNTE IN DER VERTIKALEN

Erbsen- und Bohnenpflanzen wachsen schnell und werden groß. Für eine lohnende Ernte sollten mindestens fünf oder sechs Pflanzen angebaut werden. Und das ist ganz einfach: Begrünen Sie vertikale Strukturen wie nackte Garagenwände oder hässliche Zäune mit schnell wachsenden, kletternden und reichblühenden Sorten. Oder bauen Sie Rankgerüste, um Mülltonnen zu verdecken, für Sichtschutz zu sorgen und Gemüse- oder Staudenbeete mit hohen Gestaltungselementen zu bereichern. Ist das nicht möglich, wählen Sie Erbsen oder Buschbohnen. Sie bleiben niedrig, bringen jedoch einen guten Ertrag und sind gut für windige Flächen geeignet. Alle Arten gedeihen auch in Pflanzgefäßen.

BESTE VORAUSSETZUNGEN

Wie alle Leguminosen haben Erbsen und Bohnen dank einer Symbiose aus Wurzelknöllchen und Bodenbakterien die außergewöhnliche Fähigkeit, Stickstoff aus der Luft zu fixieren. Werden abgeerntete Pflanzen vom Beet geräumt, lassen Sie die Wurzeln daher im Boden, sie düngen die Folgekulturen. Kompostgaben ersetzt dies jedoch nicht, denn der Kompost verbessert die Wasserhaltefähigkeit des Bodens. Bedenken Sie bei der Aussaat, dass Erbsen und Dicke Bohnen leichten Frost vertragen, Busch- und Stangenbohnen jedoch nicht. Sie brauchen Wärme für die Keimung.

ERBSEN UND ZUCKERSCHOTEN

Das Krachen frisch geknackter Erbsenschoten und der süße Geschmack der Kerne sind ein Vergnügen, das alljenen vorbehalten ist, die Erbsen im Garten anbauen, denn beides vergeht kurze Zeit nach der Ernte. Auf fruchtbaren und windgeschützten Standorten ist es leicht, die kletternden Pflanzen anzubauen und reichlich zu ernten.

SCHWIERIGKEIT Einfach
AUSSAAT Oktober bis November und Februar bis März (Sommersorten); März bis Juli (Wintersorten)
BODEN Nährstoffreich; feucht, aber durchlässig
STANDORT Sonnig; geschützt
KEIMDAUER 7–28 Tage
ANBAU Aus Samen oder Jungpflanzen
ERNTEMENGE Etwa 2 kg pro 2 m Reihe

ANBAUKALENDER

	WINTER	FRÜHLING	SOMMER	HERBST
AUSSAAT				
ERNTE				

▨ Sommersorten
▨ Wintersorten

Zeit von der Aussaat bis zur Ernte
12–16 Wochen

SÄEN

Erbsen werden in Winter- und Sommersorten unterteilt. Sommersorten wachsen langsamer, bringen aber eine reichere Ernte. Zuckerschoten werden jung mit Hülse gegessen.

Säen Sie die Erbsen direkt ins Beet, entweder in eine Rille oder drücken Sie sie mit dem Finger etwa 2,5–4 cm tief in die Erde. Legen Sie zwei parallele Reihen im Abstand von 20 cm an. So bleibt in der Mitte Platz für die Stützen. Saatabstand bei buschigen Sorten 5 cm; bei hohen Sorten 10 cm.

WINTERSORTEN In milden Regionen können schnellwachsende Sorten im Spätherbst ausgesät werden; in kühleren jedoch erst im Vorfrühling, wenn der Boden sich erwärmt hat. Für eine gleichmäßige Keimung decken Sie das Beet eine Woche vor der Aussaat mit Vlies ab oder ziehen Sie den ersten Satz in Multitopfplatten oder einem Stück Dachrinne im unbeheizten Gewächshaus vor. Er kann im Erstfrühling nach draußen gepflanzt werden.

SOMMERSORTEN Auch Sommersorten können im Vorfrühling gesät werden. Sie entwickeln sich langsamer als Wintersorten. Säen Sie beide zur gleichen Zeit aus, können Sie länger ernten. Haben Sie genug Platz, säen Sie bis zum Hochsommer monatlich. Gärtnern Sie auf schwerem Boden oder drohen Mäuse die Keimlinge abzuknabbern, ziehen Sie Erbsen- und Zuckerschotenpflanzen vor.

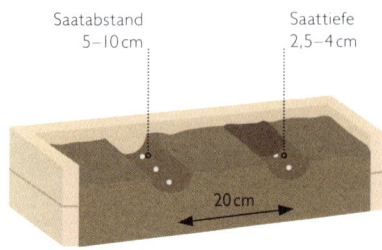

Saatabstand 5–10 cm
Saattiefe 2,5–4 cm
20 cm

Das Vorziehen im Gewächshaus ist eine Möglichkeit, Mausfraß zu verhindern.

Wärmen Sie den Boden mit Vlies vor, bevor Sie frühe Sorten aussäen.

PFLANZEN

STÜTZEN Stecken Sie vor oder direkt nach dem Säen entlang der Saatrille verzweigte Äste in den Boden. Oder spannen Sie ein Netz oder Kaninchendraht zwischen die Reihen. Dort finden die Blattranken Halt.

GIESSEN Im Jugendstadium müssen Erbsen nur während trockener Perioden gegossen werden. Stehen sie jedoch während der Blüte trocken, fällt die Ernte geringer aus. Fehlt Regen, wässern Sie die Pflanzen wöchentlich.

SCHÜTZEN Mäuse lieben Erbsenkeimlinge, daher kann das Vorziehen in Töpfen sinnvoll sein. Gegen Tauben, die die frisch gekeimten Samen aus dem Boden ziehen, hilft ein Netz.

Verzweigte Äste dienen den Blattranken als Stütze.

ERNTEN

Pflücken Sie die Erbsenhülsen, wenn sie dick, aber noch leuchtend grün sind. Ältere Hülsen sind rauer und blasser, die Erbsen darin härter und eher mehlig als süß. Suchen Sie die gesamte Pflanze ab, oft hängen die Hülsen versteckt zwischen den Ranken. Zuckerschoten werden geerntet, wenn gerade zu erkennen ist, dass sich Erbsen in der Hülse bilden. Bereiten Sie Erbsen und Zuckerschoten möglichst schnell nach der Ernte zu, sie verlieren ihre Süße recht schnell.

Netze halten Tauben fern, sind beim Unkrautjäten und Ernten aber lästig.

Morgens ist die beste Erntezeit. Dann ist der Zuckergehalt am höchsten.

ZUM AUSPROBIEREN

Erbsensprossen sind eine leckere Zutat für Salate und können das ganze Jahr auf der Fensterbank angebaut werden. Füllen Sie dafür eine Aussaatschale bis 2 cm unter dem Rand mit Universalerde und streuen Sie die Erbsen mit etwa 5 mm Abstand darauf. Um so dicht zu säen, wird viel Saatgut benötigt. Verwenden Sie Reste aus dem Vorjahr oder günstigeres Sprossensaatgut. Bedecken Sie die Samen 1 cm dick mit Erde und gießen Sie durchdringend mit einer Gießkanne mit Brause. Stellen Sie die Schale auf ein sonniges Fensterbrett und halten Sie die Erde feucht. Nach etwa drei Wochen sind die Sprossen etwa 6 cm groß und können geerntet werden.

Schneiden Sie über dem untersten Blattpaar, wachsen die Sprossen nach.

SORTEN

Buschige Erbsensorten können ohne Stützen angebaut werden. Zuckerschoten, die länger an der Pflanze geblieben sind, können Sie wie Erbsen verwenden.

'WUNDER VON KELVEDON' Buschig wachsende Sorte für Herbst und Frühjahr
'METEOR' Kälteverträgliche, buschige Sorte; gut für kühle Regionen
'AMBASSADOR' Widerstandsfähige Sommersorte mit dicken Erbsen
'OREGON SUGAR POD' Gut erhältliche hohe Zuckererbsensorte
'RONDO' Reich tragende Erbsensorte mit langen Hülsen

GARTENBOHNEN

Frische und knackige Gartenbohnen gehören einfach zum Sommer. Ob kletternde Varianten oder buschige Formen, es sind attraktive Pflanzen, vor allem wenn sie voller grüner, violetter oder gelber Hülsen hängen. Bei regelmäßigem Pflücken kann sich die Erntezeit über zwei Monaten ziehen.

SCHWIERIGKEIT Einfach
AUSSAAT April (im Haus); Mai bis Juli (im Freiland)
BODEN Nährstoffreich; feucht und durchlässig
STANDORT Geschützt; vollsonnig
KEIMDAUER 7–14 Tage
ANBAU Aus Samen
ERNTEMENGE Etwa 2 kg pro 2 m Reihe

ANBAUKALENDER

	WINTER	FRÜHLING	SOMMER	HERBST
AUSSAAT		▓▓	▓▓	
ERNTE			▓▓	▓▓

■ Im Haus
■ Im Freiland

Zeit von der Aussaat bis zur Ernte 60–70 Tage

PFLEGEN

SCHÜTZEN Härten Sie vorgezogene oder gekaufte Jungpflanzen ab, bevor Sie sie auspflanzen. Schützen Sie frühe Aussaaten bei Kälte mit Pflanzglocken oder einem Tunnel. Sorgen Sie für gute Belüftung, um Pilzkrankheiten vorzubeugen. Mit Pflanzglocken und Tunneln können Sie die Erntesaison von Buschbohnen im Herbst verlängern.

STÜTZEN Errichten Sie nach der Aussaat von kletternden Sorten ein Gerüst von etwa 2,5 m Höhe. Binden Sie die Triebe daran fest. Haben diese das Ende der Stangen erreicht, knipsen Sie die Spitzen ab. Das fördert die Hülsenbildung. Stützen für Buschbohnen verhindern, dass die Hülsen auf dem Boden liegen.

SÄEN

Die Aussaat ist bei Busch- und Stangenbohnen gleich. Stangenbohnen benötigen einen nährstoffreichen, gut wasserspeichernden Boden. Bereiten Sie den Boden im Winter für die Aussaat im Frühjahr vor, indem Sie organisches Material spatentief in den Boden einarbeiten.

BODEN VORWÄRMEN Gartenbohnen keimen bei Bodentemperaturen über 10 °C. Bedecken Sie den Boden zwei Wochen vor der Aussaat im Frühjahr mit Pflanzenglocken oder Vlies, um ihn vorzuwärmen. In kühlen Regionen oder bei hohem Schneckenaufkommen ziehen Sie die Bohnen drinnen vor.

PFLANZABSTÄNDE Säen Sie Buschbohnen in Reihen (Pflanzabstand 23 cm; Reihenabstand 45 cm) oder in Blöcken mit 30 cm Platz zwischen den Pflanzen. Legen Sie Stangenbohnen 4–5 cm tief ringförmig um die Rankhilfen in den Boden. Legen Sie sicherheitshalber pro Stelle zwei Samen.

Gartenbohnen gedeihen auch im Topf sehr gut. Für eine einzelne buschig wachsende Bohne ist ein 20-cm-Topf passend. Legen Sie in größeren Töpfen die Samen mit einem Abstand von 23 cm. Zwei Aussaaten im Abstand von drei bis vier Wochen sollten ausreichen, Sie gut mit Bohnen zu versorgen.

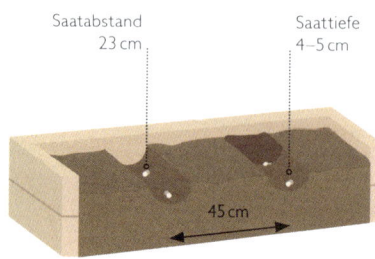

Saatabstand 23 cm • Saattiefe 4–5 cm • 45 cm

Ist es lange kalt, ziehen Sie die Bohnen auf der Fensterbank vor.

Binden Sie die Bohnen locker an die Stütze, ohne die Triebe zu verletzen.

Stangenbohnen werden traditionell an einer Doppelreihe Stangen gezogen. Auf kleiner Fläche sind Tipis besser geeignet.

GIESSEN Gießen Sie die Pflanzen vor allem während der Blüte häufig. Sie bilden dann viele Hülsen und weitere Blütenansätze. Brechbohnen sind selbstbefruchtend. Sie sind also nicht auf bestäubende Insekten angewiesen.

Gießen Sie im Sommer regelmäßig. Mulch hält die Feuchtigkeit im Boden.

ERNTEN

Pflücken Sie Gartenbohnen regelmäßig. Das regt sie an, weitere Hülsen zu bilden. Die Hülsen sollten zart sein und noch keinen Faden gebildet haben. Suchen Sie auch unter den Blättern nach Hülsen und trennen Sie sie mit dem Fingernagel am Stiel ab. Bohnen schmecken frisch geerntet am besten. Sie können gut eingefroren werden, nachdem sie für 30 Sekunden blanchiert wurden.

SORTEN

Von Gartenbohnen gibt es runde und flachhülsige Sorten in Violett, Grün und Gelb. Buschbohnen bilden schneller Hülsen, Stangenbohnen dafür länger.

'BLAUHILDE' Kräftig kletternde Sorte mit sehr langen, flachen violetten Hülsen, die beim Kochen grün werden

'COBRA' Bewährte frühe Stangenbohne mit langen, runden grünen Hülsen und sehr dekorativen mauvefarbenen Blüten

'MAXI' Buschbohne mit leicht zu erntenden Hülsen; sehr früh und ertragreich

'PURPLE TEEPEE' Buschbohne mit blauvioletten Hülsen, die beim Kochen grau werden

'SONESTA' Kompakt wachsende und sehr attraktive Sorte mit weichen, wachsgelben Hülsen

Pflücken Sie regelmäßig. Bleiben Hülsen an der Pflanze und reifen aus, verlangsamt die Pflanze die Fruchtbildung.

FEUERBOHNEN

Mit ihrem markanten Wuchs und den violetten, zweifarbigen oder weißen **Blüten** haben Feuer- oder Prunkbohnen in jedem **Garten** einen Platz verdient. Aber auch die Ernte fällt üppig aus und dauert bis in den Herbst. Junge, noch zarte Hülsen schmecken am intensivsten.

SCHWIERIGKEIT Einfach
AUSSAAT April (im Haus); Mai bis Juni (im Freiland)
BODEN Tiefgründig; nährstoffreich; durchlässig; feucht
STANDORT Geschützt; vollsonnig bis halbschattig
KEIMDAUER 5–10 Tage
ANBAU Aus Samen oder Jungpflanzen
ERNTEMENGE 2 kg pro 2 m Reihe

ANBAUKALENDER

	WINTER	FRÜHLING	SOMMER	HERBST
AUSSAAT				
ERNTE				

■ Im Haus
■ Im Freiland
Zeit von der Aussaat bis zur Ernte
10 Wochen

SÄEN

Legen Sie im Vollfrühling oder Frühsommer an jeder Stange zwei Samen 5 cm tief in die Erde (s. unten). Oder säen Sie sie im Erstfrühling in tiefe Töpfe, stellen Sie diese auf ein warmes Fensterbrett und pflanzen Sie die Bohnen später aus.

DEN BODEN VORBEREITEN Feuerbohnen brauchen einen nährstoffreichen, feuchten Boden. Bereiten Sie die Fläche im Winter vor, indem Sie organisches Material spatentief in den Boden einarbeiten. Säen Sie nicht in kalten, nassen Boden, die Samen keimen dann nicht. Halten Sie in kühlen Regionen die Wärme im Boden, indem Sie ihn zwei Wochen vor der Aussaat mit Pflanzglocken oder Vlies abdecken. Feuerbohnen gedeihen mit einer Stütze auch in Töpfen.

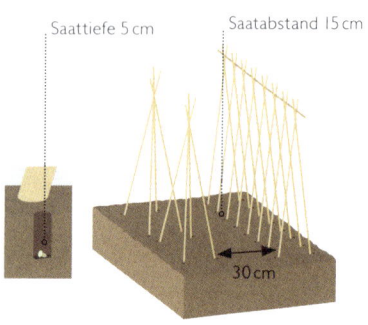
Saattiefe 5 cm — Saatabstand 15 cm — 30 cm

Bohnentipis sind für kleine Gärten oder für den Anbau in Töpfen geeignet.

STÜTZEN Stellen Sie vor der Aussaat stabile Stützen auf. Sie müssen das Gewicht der wüchsigen Pflanzen tragen, die 2,5 m oder länger werden. Geeignet sind Tipis aus vier bis sechs 2,5–2,7 m langen Bambusstangen, die tief in den Boden gesteckt und oben zusammengebunden werden. Eine andere Möglichkeit sind Gerüste aus Stangen, die im Abstand von 15 cm in der Reihe in den Boden gesteckt und mit einer weiteren Stange am oberen Ende quer verbunden werden. Reihenabstand: 30 cm. Auch Bögen, Netze und Rankgitter sind eine Möglichkeit.

Ein Bohnengerüst ist praktisch, wenn viele Feuerbohnen angebaut werden.

PFLEGEN

WACHSTUM FÖRDERN Sind die Bohnen gekeimt, dünnen Sie sie auf eine Pflanze pro Stütze aus. Härten Sie Pflanzen ab, die Sie im Haus vorgezogen haben, indem Sie sie nach und nach an die Bedingungen im Freien gewöhnen. Ausgepflanzt wird nach dem letzten Frost.

Setzen Sie Blühpflanzen in die Nähe, um Insekten anzulocken, die die Feuerbohnen zum Befruchten ihrer Blüten benötigen. Binden Sie die Triebe vorsichtig an die Stützen, um sie zum Klettern anzuregen. Kürzen Sie die Triebe ein, wenn diese das obere Ende der Stützen erreicht haben.

GIESSEN Feuerbohnen sind durstige Pflanzen, die in Trockenphasen feucht gehalten werden müssen. Besonders wichtig ist das, wenn sie Blüten ansetzen. Gießen Sie möglichst abends. Bedecken Sie den Boden um die Pflanzen mit einer 5 cm dicken Mulchschicht aus reifem Kompost. Das hilft, die Feuchtigkeit im Boden zu halten.

Feuerbohnen brauchen Insekten für die Befruchtung.

ERNTEN

Die Hülsen von Feuerbohnen können bis zu 30 cm lang werden. Dann werden sie allerdings meist fädig. Am besten schmecken sie, wenn sie etwa 15 cm lang sind. Regelmäßiges Pflücken regt die Pflanzen an, weiter Blüten zu bilden, sodass bis zu den ersten Frösten geerntet werden kann. Verwenden Sie die Bohnen so frisch wie möglich. Überschüssige Bohnen können Sie 30 Sekunden blanchieren und dann einfrieren.

Je öfter Sie Feuerbohnen beernten, desto mehr Bohnen setzen sie an.

ZUM AUSPROBIEREN

Niedrige, buschig wachsende Sorten sind eine perfekte Alternative für kleine Gärten oder sehr windige Areale. Sie werden 45–60 cm breit und hoch. Stellen Sie sie in Töpfen erhöht auf. Bohnen, die auf dem Boden liegen, werden von Schnecken angefressen. Gießen Sie die Pflanzen täglich und düngen Sie im Sommer wöchentlich mit einem Flüssigdünger. Niedrige Sorten tragen kürzer als kletternde. Säen Sie daher im Hochsommer einen zweiten Satz, von dem Sie bis in den Herbst ernten können. 'Hestia' ist eine gut erhältliche niedrige Sorte mit hübschen rot-weißen Blüten.

Buschige Feuerbohnensorten wie 'Hestia' blühen üppig.

SORTEN

'FIRESTORM' Moderne, selbstbestäubende Sorte; bekannt für hohen Ertrag und fadenlose Hülsen; rote Blüten

'LADY DI' Rot blühende Sorte, die lange, dicke Hülsen bildet; lange Erntezeit

'MOONLIGHT' Selbstbestäubende Sorte, die auch in heißen, trockenen Sommer hohen Ertrag bringt; weiße Blüten

'SCARLET EMPEROR' Bewährte, alte Sorte mit hohem Ertrag und dunkelroten Blüten

'ST. GEORGE' Auf die attraktiven rot-weißen Blüten folgen dicke Büschel langer, zarter Hülsen

'WHITE LADY' Bekannt für zuverlässig hohen Ertrag aromatischer Bohnen und reichen Blütenschmuck in Weiß

DICKE BOHNEN

Dicke Bohnen (Puffbohnen) gehören zu den ersten Kulturen, die im Frühjahr ausgesät werden. Die Pflanzen werden 1,2 m hoch und sind unkompliziert im Anbau. Die meist schwarzweißen Blüten sitzen am Haupttrieb. Aus ihnen reifen im Sommer über mehrere Wochen dicke, grüne Hülsen.

SCHWIERIGKEIT Einfach
AUSSAAT Oktober bis November (winterharte Sorten); Februar bis April (alle Sorten)
BODEN Durchlässig; nährstoffreich
STANDORT Geschützt; vollsonnig bis halbschattig
KEIMDAUER 7–14 Tage
ANBAU Aus Samen ziehen
ERNTEMENGE 2 kg pro 2 m Reihe

ANBAUKALENDER

	WINTER	FRÜHLING	SOMMER	HERBST
AUSSAAT				
ERNTE				

■ Winterharte Sorten
■ Alle Sorten

Zeit von der Aussaat bis zur Ernte
12–16 Wochen

SÄEN

Dicke Bohnen gehören zu den ersten Kulturen, die im Freiland ausgesät werden können. Auf durchlässigem, nicht gefrorenem Boden können sie schon im Februar ausgesät werden. Sie keimen dann trotz der Kälte. In milden Regionen können Dicke Bohnen bereits im Spätherbst gesät und im Vollfrühling geerntet werden. Das Überwintern der jungen Pflanzen ist jedoch ein Glücksspiel, denn strenge Fröste vertragen sie nicht gut. Stehen besonders kalte Tage an, sollten Sie die Pflänzchen mit Pflanzglocken oder Vlies schützen. Weitere Sätze werden im Frühjahr ausgesät und im Sommer geerntet.

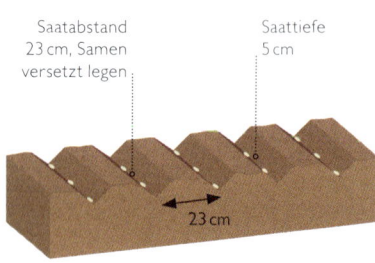

Saatabstand 23 cm, Samen versetzt legen
Saattiefe 5 cm
23 cm

Vor der Aussaat sollte der Boden feinkrümelig geharkt und mit Kompost oder Mist angereichert werden.

AUF DEM BEET Markieren Sie zwei Reihen im Abstand von 23 cm und ziehen Sie mit einer Hacke oder Pflanzkelle eine 5 cm tiefe Rille. Legen Sie im Abstand von 23 cm je einen Samen ab. Arbeiten Sie in den Reihen versetzt, so nutzen Sie den Platz besser aus. Legen Sie am Ende der Reihe dichter. Damit ziehen Sie eine Reserve, falls nicht alle Samen aufgehen. Die Samen werden dann mit Erde bedeckt und angegossen.

IN TÖPFEN In kühlen Regionen oder für eine frühe Ernte ist das Vorziehen sinnvoll. Verwenden Sie Gefäße, die groß genug sind, um die Samen 5 cm tief abzulegen. Füllen Sie die Töpfe mit Universalerde und drücken Sie in jeden Topf eine Bohne. Gießen Sie die Aussaaten an und stellen Sie die Töpfe auf ein sonniges Fensterbrett, in ein unbeheiztes Gewächshaus oder an einen geschützten Platz im Freien. Im Frühjahr kommen die Pflanzen im gleichen Abstand wie oben beschrieben ins Beet. Für Kübel eignen sich Zwergsorten.

Um die großen Samen vorzuziehen, sind tiefe Töpfe notwendig.

PFLEGEN

GIESSEN In Töpfen oder Hochbeeten müssen Dicke Bohnen regelmäßig gegossen werden. Im Beet ist das nur in Trockenphasen notwendig. Verteilen Sie im Frühjahr eine 5 cm dicke Schicht reifen Kompost um die Pflanzen. Das hält die Feuchtigkeit im Boden.

SCHÜTZEN Stützen Sie die Pflanzen mit Schnüren, die Sie um Stangen an den Beetecken spannen. So bleiben auch hohe Sorten stehen, wenn es sehr windig ist. Klein bleibende Sorten brauchen diese Stütze nicht. Beginnen die Pflanzen zu blühen, kappen Sie die Triebe 7,5 cm unterhalb der Spitze. Die Hülsen werden dann dicker.

Das Abschneiden der Triebspitzen verlangsamt die Vermehrung von Blattläusen.

Binden Sie Gartenschnur um Stangen in den Beetecken, damit die hohen Pflanzen nicht umknicken.

ERNTEN

Die Triebspitzen, die im Sommer abgeknipst werden, schmecken gedünstet sehr gut. Die Bohnenkerne werden mehliger, je größer sie werden. Ernten Sie die Hülsen daher regelmäßig, sobald sie sich nach unten strecken und die Kerne etwa daumennagelgroß sind. Ernten Sie zuerst die unteren Hülsen, indem Sie sie vorsichtig von der Pflanze drehen. Abgeerntete Pflanzen werden über dem Boden abgeschnitten. Die stickstoffreichen Wurzeln bleiben als Dünger in der Erde.

Bei hohem Ertrag können Dicke Bohnen eingefroren werden.

SORTEN

Wählen Sie robuste Sorten für Herbst- und Wintersaaten und kleinbleibende für Töpfe und exponierte Lagen.

'AQUADULCE CLAUDIA' Winterhart und ertragreich; ideal für die Aussaat im Herbst und Winter

'CRIMSON FLOWERED' Schöne dunkelrote Blüten und guter Ertrag

'ROTSAMIGE' Rote Kerne, allerdings geht die Farbe beim Kochen verloren

'THE SUTTON' Zwergsorte; für die Herbst- und Winteraussaat geeignet

'WITKIEM'/'FRÜHE WEISSKEIMIGE' Zuverlässige Sorte; schnell reifend; für Frühlingsaussaaten

TROCKENBOHNEN

Von vielen Bohnensorten können die trockenen Kerne geerntet und lange gelagert werden. Die Hülsen bleiben an den Pflanzen, bis die Kerne hart sind – erkennbar am Klappern beim Schütteln der Hülsen. Aus der italienischen Küche sind Borlotti-Bohnen bekannt. Sie bilden attraktive, gefleckte Hülsen. Der Anbau ist bei allen Sorten gleich.

SCHWIERIGKEIT Einfach
AUSSAAT April (im Haus); Mai (im Freiland)
BODEN Nährstoffreich; feucht; durchlässig
STANDORT Geschützt; vollsonnig
KEIMDAUER 7–14 Tage
ANBAU Aus Samen ziehen
ERNTEMENGE 2 kg pro 2 m Reihe

ANBAUKALENDER

	WINTER	FRÜHLING	SOMMER	HERBST
AUSSAAT				
ERNTE				

■ Im Haus
■ Im Freiland

Zeit von der Aussaat bis zur Ernte
65–90 Tage

PFLANZABSTÄNDE Um sicher zu gehen, legen Sie bei der Aussaat im Freiland pro Stelle zwei Samen 4–5 cm tief ab. Der Pflanzabstand beträgt bei kleinen Sorten 23 cm, der Reihenabstand 45 cm. Säen Sie in Blöcken, ist ein Abstand von 30 cm in beiden Richtungen sinnvoll. Legen Sie kletternde Sorten im Abstand von 23 cm ab und errichten Sie dann ein Bohnentipi aus Stangen. Beim Vorziehen werden zwei Samen in jeden Topf gelegt.

SÄEN

Kletternde Sorten brauchen einen guten Boden, der Wasser speichern kann. Bereiten Sie die Bohnenbeete im Winter vor, indem Sie organisches Material spatentief in den Boden einarbeiten. Ansonsten ist der Anbau kletternder und buschiger Sorten gleich.

EIN FRÜHER START In kühlen Regionen ist es sinnvoll, Borlotti-Bohnen früh zu säen, denn sie reifen langsam. Frost vertragen sie jedoch nicht. Säen Sie sie daher nie in kalten Boden, sondern warten Sie auf milde Temperaturen

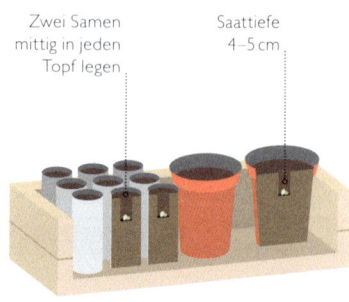

Zwei Samen mittig in jeden Topf legen

Saattiefe 4–5 cm

Borlotti-Bohnen werden am besten im Haus vorgezogen. So sind sie vor Schnecken geschützt, die das junge Laub lieben.

und wärmen Sie den Boden etwa zwei Wochen vor der Aussaat mit Pflanzglocken oder Vlies vor. Eine andere Möglichkeit ist das Vorziehen auf der Fensterbank. Sind die Pflanzen nach 7–8 Wochen etwa 8 cm groß, können sie ausgepflanzt werden.

Legen Sie die Bohnen nach den letzten Frösten. Der Boden sollte warm sein.

PFLEGEN

SCHÜTZEN Härten Sie im Haus vorgezogene Pflanzen vor dem Auspflanzen ab. Schützen Sie junge Pflanzen mit Pflanzglocken oder Tunneln, wenn kalte Nächte anstehen. Halten Sie Vögel fern und stellen Sie Mausefallen auf, wenn Sie Fraßschäden entdecken.

STÜTZEN Errichten Sie für kletternde Sorten ein 2,5 m hohes Bohnentipi oder ein anderes stabiles Gerüst. Binden Sie die jungen Pflanzen an die Stützen und entfernen Sie die Triebspitzen, sobald die Pflanzen das obere Ende der Rankhilfe erreicht haben. Stützen Sie buschige Sorten mit verzweigten Ästen, damit die Hülsen buschiger Sorten nicht auf dem Boden liegen.

GIESSEN Regelmäßiges Gießen während der Blüte fördert den Frucht- und Blütenansatz. Stellen Sie die Wassergaben im Spätsommer ein. Dann sterben die Pflanzen ab und die Kerne trocknen.

ERNTEN

Borlotti-Bohnen können auch frisch zubereitet werden, üblicher ist die Verwendung als Trockenbohnen. Dafür bleiben die Hülsen an den Pflanzen, bis sie hart sind und die Kerne darin klappern. Ernten Sie bei warmem, trockenem Wetter und lagern Sie die Kerne luftdicht. An Regentagen geerntete Hülsen sollten erst getrocknet werden. Lagern Sie nur vollständig getrocknete Bohnen und verzehren Sie sie nie roh.

Bohnen können gepflanzt werden, wenn sie einen kräftigen Ballen haben.

Gehölzschnitt kann als Stütze für buschige Sorten verwendet werden.

Drücken Sie die Hülsen auf, um an die Bohnenkerne zu gelangen.

ZUM AUSPROBIEREN

Edamame ist ein in Japan beliebter Snack aus unreifen Sojabohnen. In Regionen mit warmen Sommern funktioniert der Anbau auch bei uns. Ziehen Sie die Pflanzen im Frühling auf der Fensterbank vor. Lassen Sie die Pflanzen im Haus, bis sie im Sommer abgehärtet sind und nach draußen gepflanzt werden können. Lassen Sie 15 cm Pflanzabstand und einen Reihenabstand von 45 cm. Geeignet ist ein vollsonniger Standort mit durchlässigem Boden. Im Spätsommer sind die Triebe voller grüner Hülsen.

Edamame werden gedünstet und dann als eiweißreicher Snack verzehrt.

SORTEN

Bauen Sie verschiedene Sorten an, dann haben Sie im Winter farbenfrohe Zutaten für Suppen und Eintöpfe.

'BORLOTTO LINGUA DI FUOCO' Borlottisorte; kletternd und buschig erhältlich; mit gefleckten Hülsen und Samen

'CANADIAN WONDER' Buschig wachsende Kidneybohne; hoher Ertrag; frisch oder trocken zu verwenden

'BORLOTTO LAMON' Kletternde Borlottisorte; hoher Ertrag; wohlschmeckend

'SPAGNA BIANCO' Kletternde Bohne mit weißen Körnern und langen flachen Hülsen; frisch oder trocken zu verwenden

'YIN YANG' Buschbohne, ideal für Töpfe; attraktive schwarz-weiße Kerne

ERSTE HILFE

Unter guten Bedingungen wachsen Erbsen und Bohnen so schnell, dass sie den meisten Problemen davonwachsen. Am anfälligsten sind sie nach der Aussaat im Freiland, denn die großen gehaltvollen Samen locken Schädlinge an. Bauen Sie Erbsen und Bohnen auf wechselnden Flächen an, dann können die Schädlinge sich nicht zu stark vermehren.

WURZELFLIEGEN

SCHADBILD Die Keimlinge von Garten- oder Stangenbohnen sind beschädigt, verkrüppelt oder faulen
URSACHE Junge Wurzeln werden von Fliegenlarven gefressen
ABHILFE Pflanzenentwicklung durch warmen Boden beschleunigen; die Pflanzen sind nur im Keimblattstadium gefährdet; Pflanzen im Haus vorziehen

SCHWARZE BOHNENLAUS

SCHADBILD Kolonien kleiner schwarzer Läuse an jungen Trieben; Pflanzenwachstum geschwächt
URSACHE Pflanzensaft saugende Läuse
ABHILFE Junge Seitentriebe von Dicken Bohnen entfernen, bevor sie befallen werden; Pflanzen häufig kontrollieren und Läuse mit den Fingern zerdrücken

MÄUSE

SCHADBILD Samen verschwinden aus der Erde oder den Hülsen; vor allem an Trockenbohnen
URSACHE Mausfraß
ABHILFE Vorgezogene Pflanzen auf die Fensterbank oder ins Gewächshaus bzw. draußen erhöht stellen; im Extremfall Fallen aufstellen

BLATTRANDKÄFER

SCHADBILD U-förmige Bissschäden (»Buchtenfraß«) an den Blatträndern von Erbsen und Bohnen
URSACHE Frasschäden durch Käfer
ABHILFE Schaden tolerieren, wenn die Pflanzen ansonsten gut wachsen. Die Käfer bei starkem Befall durch Abdecken der Pflanzen mit Vlies fernhalten

ERBSENWICKLER

SCHADBILD Beim Öffnen der Hülsen sind kleine Raupen zu sehen
URSACHE Larven aus Eiern, die der Erbsenwickler in die Blüten legt
ABHILFE Erbsen im Vorfrühling oder Frühsommer aussäen, wenn der Erbsenwickler nicht schwärmt. In besonders schweren Fällen Erbsen unter Gemüsenetzen anbauen

TAUBEN

SCHADBILD Junge Blätter abgezupft, trocknende Samen gefressen
URSACHE Tauben, die die Keimlinge von Erbsen lieben oder Hülsen anpicken, um an die Samen zu kommen
ABHILFE Pflanzen mit Netzen oder Vlies abdecken. Äste so in die Erde stecken, dass sie über die Keimlinge ragen und diese schützen

SCHNECKEN

SCHADBILD Keimlinge oder Hülsen über Nacht an- oder aufgefressen
URSACHE Fraßschäden durch Schnecken
ABHILFE Aussaaten mit Sägemehl oder Eierschalen schützen; Bierfallen aufstellen; Töpfe mit Kupferband bekleben. Pflanzen stützen, sodass die Hülsen nicht auf dem Boden liegen; Schnecken abends absammeln

SCHOKOLADENFLECKENKRANKHEIT

SCHADBILD Runde braune Flecken auf den Blättern der Dicken Bohnen
URSACHE Pilzkrankheit, die sich bei hoher Luftfeuchtigkeit ausbreitet
ABHILFE Luftaustausch durch Entfernen von Netzen oder Vliesen verbessern; Im Folgejahr mit größerem Abstand pflanzen; beim Gießen die Blätter nicht benetzen

KEIN FRUCHTANSATZ

SCHADBILD Pflanzen werfen die Blüten ab und bilden nur kleine Hülsen
URSACHE Fehlende Bestäubung, zu hohe Temperaturen; zu trockener Boden
ABHILFE Boden vor dem Pflanzen mit organischem Material anreichern, um die Wasserhaltefähigkeit zu erhöhen; regelmäßig gießen; weißblühende Sorten sollen bei Hitze ertragreicher sein

ECHTER MEHLTAU

SCHADBILD Weißer, kreidiger Belag auf den Blättern; Pflanzen wachsen langsam
URSACHE Pilzkrankheit, die durch Trockenheit geschwächte Pflanzen befällt
ABHILFE Regelmäßig Gießen, um den Boden feucht zu halten; leicht befallene Pflanzen erholen sich wieder. Den Boden mit organischem Material anreichern, damit er Feuchtigkeit besser hält

Schalotten werden wie Zwiebeln angebaut und sind genauso haltbar. Sie sind kleiner, haben aber einen feineren und sehr aromatischen Geschmack.

LAUCHGEWÄCHSE

Lauch- oder Zwiebelgewächse sind eine Hauptzutat vieler Gerichte und gehören zu den Arten, die in keinem Garten fehlen sollten. Sie benötigen einige Zeit bis zur Ernte, sind aber leicht anzubauen und sehr geschmacksintensiv.

GEDULD ZAHLT SICH AUS

Für eine reiche Ernte wird im Frühling gesät oder es werden kleine Steckzwiebeln gesteckt. Danach ist kaum noch etwas zu tun. Ein Satz genügt und bei der Ernte können Sie sich Zeit lassen: Die Zwiebeln werden zum Ende des Sommers aus dem Boden gezogen und getrocknet und können über den Herbst und Winter gelagert werden. Knoblauch und Porree stehen sogar noch länger im Beet. Knoblauch ist, genau wie Zwiebeln, nach dem Trocknen gut haltbar und Porree ist so winterhart, dass er während des Winters im Gemüsegarten bleiben kann. Die Pflanzen sehen schön aus und können ganz nach Bedarf geerntet werden. Damit die Vorfreude nicht zu lange währt, säen Sie schnell wachsende Lauchzwiebeln.

WO ANBAUEN?

Lauchgewächse gibt es in allen möglichen Formen. Schnittlauch und Frühlingszwiebeln sind kompakt und gedeihen auch in Töpfen; Etagenzwiebeln sind imposante Gewächse, die offenen Boden benötigen. Zwiebeln und Knoblauch wachsen in Töpfen, eine nennenswerte Ernte ist jedoch nur möglich, wenn genug Platz ist, größere Mengen davon anzubauen. Bei Schalotten, Knoblauch und Frühlingszwiebeln ist auch im Topf eine gute Ernte möglich. Damit die Topfbepflanzung attraktiv wird, benötigt ihr schmales Laub breitblättrige Pflanzpartner.

WAS SIE BRAUCHEN

Lauchgewächse brauchen einen durchlässigen Boden, der im Herbst mit organischem Material angereichert wurde, und einen sonnigen Standort. Die fleischigen Speicherorgane von Zwiebeln, Schalotten und Knoblauch sind bei feuchtem Wetter anfällig für Fäule; durch starkes Düngen und Gießen werden sie noch anfälliger. Porree liebt fette Böden und wächst besser, wenn er gleichmäßig feucht gehalten und gemulcht wird, sobald das Dickenwachstum einsetzt. Regelmäßiges Jäten ist besonders wichtig, denn das aufrechte, schmale Laub verträgt keine Konkurrenz. Besonders wichtig ist das nach der Aussaat, denn die Keimlinge sind zierlich und wachsen langsam.

ZWIEBELN

Zwiebeln sind eine wertvolle Kultur und werden aus Samen oder Steckzwiebeln gezogen. Die Aussaat ist billiger, dauert aber länger und die zarten Keimlinge sind sehr empfindlich. Steckzwiebeln sind teurer, aber robuster und daher für Anfänger die bessere Wahl.

SCHWIERIGKEIT Aus Steckzwiebeln: einfach; aus Samen: mittel
AUSSAAT Februar (Aussaat im Haus); März bis April (Aussaat und Stecken im Freiland)
BODEN Nährstoffreich; durchlässig; pH über 6,5 (S. 20)
STANDORT Vollsonnig
KEIMDAUER 7–21 Tage
ANBAU Aus Samen oder Steckzwiebeln
ERNTEMENGE 4 kg pro 2m Reihe

ANBAUKALENDER

	WINTER	FRÜHLING	SOMMER	HERBST
AUSSAAT				
ERNTE				

Aussaat im Haus
Saat/Stecken Freil.

Zeit von der Aussaat bis zur Ernte
4–6 Monate

PFLEGEN

JÄTEN Die Keimlinge haben gegen Unkraut wenig Chancen. Jäten Sie also regelmäßig und vorsichtig, damit Sie die winzigen Zwiebelchen nicht verletzen.

GIESSEN Gießen Sie, wenn es trocken ist, aber mäßig. Zu viel Wasser während der Zwiebelbildung hemmt den Wuchs und fördert Pilzkrankheiten.

AUSDÜNNEN Entfernen Sie schwache Keimlinge schrittweise, bis der Abstand 8–13 cm beträgt. Entfernte Keimlinge können in Salaten verwendet werden.

SCHÜTZEN Ziehen Vögel Zwiebeln aus dem Beet, können diese wieder gesteckt werden. Passiert das öfter, hilft ein Netz. Gemüseschutznetze halten auch die Zwiebelfliege (S. 92) fern.

SÄEN

Säen oder stecken Sie nicht in kalten Boden. Zwiebeln wachsen dann schlecht oder schießen. Halten Sie den Boden vor der Aussaat im Vorfrühling mit Pflanzglocken oder Vlies vor oder ziehen Sie Saatzwiebeln auf der Fensterbank an. Steckzwiebeln können in den Boden, sobald dieser sich erwärmt hat und gut zu bearbeiten ist.

STECKEN Ziehen Sie eine 2,5 cm tiefe Rille und setzen Sie die Zwiebeln im Abstand von 5–10 cm mit der Spitze nach oben hinein. Füllen Sie die Rille mit Erde, sodass die Spitzen noch herausschauen, und drücken Sie die Erde leicht an; bei Trockenheit angießen.

Steckzwiebeln sind Zwiebeln, die nicht bis zur Vollreife gewachsen sind.

VORZIEHEN Füllen Sie zum Winterende Multitopfplatten bis 1 cm unter den Rand mit Universalerde. Legen Sie drei bis fünf Samen in jeden Topf und bedecken Sie die Samen mit Erde. Gießen Sie die Aussaat an und stellen Sie die Platten bei 10–16 °C auf. Gewöhnen Sie die Keimlinge an die Bedingungen im Freiland, bevor Sie im Erstfrühling je drei bis fünf Pflänzchen im Abstand von 25 cm ins Beet setzen. Im Erst- und Vollfrühling können Sie auch direkt ins Beet säen. Dann wird 1 cm tief und mit einem Reihenabstand von 30 cm gesät.

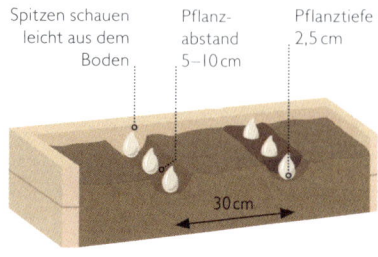

Spitzen schauen leicht aus dem Boden
Pflanzabstand 5–10 cm
Pflanztiefe 2,5 cm
30 cm

Unkräuter vorsichtig herausziehen, um die Keimlinge nicht zu verletzen.

ERNTEN

Für die frische Verwendung können Zwiebeln ab dem Hochsommer mit der Grabegabel aus dem Boden geholt werden. Lagerzwiebeln werden im Spätsommer oder Herbst geerntet, wenn das Laub gelb geworden ist. Lassen Sie die Zwiebeln etwa zehn Tage auf dem Beet oder an einem geschützten Platz trocknen. Ist die äußerste Haut trocken, in Säcken lagern oder Zöpfe flechten.

In Horsten gesteckt ist auf wenig Fläche Platz für viele Zwiebeln.

Zwiebeln können nach der Ernte direkt verwendet oder auf dem Beet oder drinnen zum Trocknen ausgelegt werden.

ZUM AUSPROBIEREN

Etagenzwiebeln haben bis zu einen Meter hohe Stängel, auf denen statt Blüten Miniaturzwiebeln sitzen. Knicken die Stiele um, wurzeln die Minizwiebeln, wo sie gelandet sind, im Boden. So wandert die Etagenzwiebel durch den Garten. Stecken Sie die murmelgroßen Zwiebelchen im Frühling oder Herbst, genauso wie Zwiebeln gesteckt werden. Sie bilden dann im Sommer des zweiten Jahres Blüten. Die kleinen Zwiebelchen sind gut zum Einlegen geeignet; das Laub kann wie Schnittlauch verwendet werden und die großen Zwiebeln an der Basis wie Gemüsezwiebeln.

Etagenzwiebeln sorgen mit ihrem Aussehen für Gesprächsstoff.

SORTEN

Gelbe Sorten schmecken intensiver, rote süßlicher und weiße sehr fein. Bei Steckzwiebeln ist die Auswahl kleiner als bei Saatzwiebeln.

'RED BARON' Flache, rote Sorte mit intensivem Geschmack; gut lagerfähig; oft als Steckzwiebeln erhältlich

'ROTE LAAER' Runde bis flachrunde rote Sorte mit würzig-scharfem Fruchtfleisch

'SETTON' Zuverlässige gelbschalige Sorte mit hohem Ertrag; gut lagerfähig; oft als Steckzwiebeln erhältlich

'SNOWBALL' Weiße, dünnhäutige Sorte; milder Geschmack

'STURON' Weit verbreitete gelbschalige Sorte mit mittelgroßen Zwiebeln; gut lagerfähig

SCHALOTTEN

Schalotten sehen aus wie kleine Zwiebeln, haben aber einen leicht süßen Geschmack. Sie können gelb- oder rotschalig, rund oder länglich sein. Aus jeder Steckzwiebel wachsen bis zu zehn Bulben. Eine Reihe reicht also für eine gute Ernte. Schalotten können bis zum Frühjahr gelagert werden.

SCHWIERIGKEIT Einfach
AUSSAAT November bis März (Steckzwiebeln); März (Aussaat)
BODEN Nährstoffreich; durchlässig; pH über 6,5
STANDORT Vollsonnig
KEIMDAUER 7–21 Tage
ANBAU Aus Samen oder Steckzwiebeln
ERNTEMENGE 1,5 kg pro 2 m Reihe

ANBAUKALENDER

	WINTER	FRÜHLING	SOMMER	HERBST
AUSSAAT		▓		
ERNTE			░▓	

░ Steckzwiebeln
▓ Samen

Zeit von der Aussaat bis zur Ernte
20–24 Wochen

SÄEN

Am einfachsten ist der Anbau aus Steckzwiebeln, aber Samen sind billiger. Säen Sie Schalotten im Vorfrühling 1 cm tief in Multitopfplatten, stellen Sie die Aussaat kühl auf und halten Sie sie feucht. Sobald der Boden warm ist, kann im Freien gesät werden. Stellen Sie dafür ein feinkrümeliges Saatbett her, ziehen eine 1 cm tiefe Rille hinein und säen Sie die Schalotten dünn aus. Reihenabstand: 23 cm.

Der Zeitpunkt für das Stecken ist je nach Sorte unterschiedlich. Ziehen Sie dafür 2,5 cm tiefe Rillen und setzen Sie die Steckzwiebeln im Abstand von 15 cm mit den Spitzen nach oben hinein. Drücken Sie die Erde an und gießen Sie die Reihen. Reihenabstand: 23 cm.

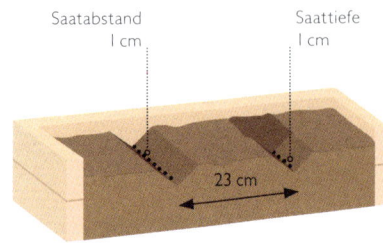
Saatabstand 1 cm · Saattiefe 1 cm · 23 cm

PFLEGEN

Härten Sie vorgezogene Pflanzen ab und pflanzen diese mit 15 cm Abstand (Reihenabstand 23 cm). Dünnen Sie Saaten auf die gleiche Dichte aus. Jäten Sie die Reihen, vor allem, wenn die Keimlinge noch klein sind. Gießen Sie nur, wenn es warm ist. Netze verhindern, dass Vögel die Zwiebeln herausziehen.

Schalotten haben flache Wurzeln. Jäten Sie mit der Hand, nicht mit der Hacke.

ERNTEN

Heben Sie Schalotten vorsichtig mit einer Grabegabel aus der Erde, wenn das Laub gelb wird und abknickt. Schütteln Sie die Erde ab und legen Sie die Schalotten zum Trocknen auf das Beet oder geschützt auf ein Regal oder Zeitungspapier. In Bündeln oder Säcken bei Raumtemperatur lagern.

Gut getrocknet sind Schalotten bis zu zwölf Monate lagerfähig.

SORTEN

Bei Saatgut und Steckzwiebeln gibt es eine gute Auswahl an Sorten.

'GOLDEN GOURMET' Ertragreiche Sorte mit runden, gelbschaligen Zwiebeln; als Steckzwiebeln im Angebot

'RED SUN' Rote Sorte mit kräftigem Geschmack; als Steckzwiebel angeboten

'ZEBRUNE' Längliche rosa Sorte mit mildem Geschmack; als Saatgut angeboten

LAUCHZWIEBELN

Als schnellwachsendes Lauchgewächs können Lauchzwiebeln schon acht Wochen nach der Aussaat geerntet werden. In lockerer Erde gedeihen sie auch in Hochbeeten, Pflanzkübeln oder auf dem Fensterbrett. Sie können neun Monate im Jahr geerntet werden.

SCHWIERIGKEIT Einfach
AUSSAAT März bis Juli; August bis September (überwinternd)
BODEN Durchlässig
STANDORT Vollsonnig
KEIMDAUER 7–14 Tage
ANBAU Aus Samen
ERNTEMENGE 60–70 Zwiebeln pro 2 m Reihe

ANBAUKALENDER

	WINTER	FRÜHLING	SOMMER	HERBST
AUSSAAT				
ERNTE				

Normale Aussaat
überwinternd

Zeit von der Aussaat bis zur Ernte
8–12 Wochen

ERNTEN

Ziehen Sie Lauchzwiebeln aus dem Boden, sobald sie eine verwendbare Größe erreicht haben. Lockern Sie dafür vorsichtig die Wurzeln mit einer Grabegabel. Blütenstiele und Blüten sind auch essbar. Sowohl das Laub als auch die Zwiebelchen schmecken frisch am besten.

SÄEN

Säen Sie aus, wenn der Boden warm ist. Legen Sie die Samen eng in 1 cm tiefe Rillen mit einem Reihenabstand von 15 cm. Bedecken Sie die Samen mit Erde, markieren Sie die Reihen und gießen Sie sie gut an. Säen Sie alle drei Wochen einen Satz; den letzten im Spätsommer oder Frühherbst für die Ernte im Frühjahr.

Lauchzwiebeln können auch in Gefäßen angebaut werden. Füllen Sie einen großen Topf oder einen Balkonkasten bis 3 cm unter den Rand mit Universalerde, legen Sie die Samen hinein, decken sie mit 1 cm Erde ab und gießen Sie die Aussaat gut an.

PFLEGEN

Die schlanken Pflanzen werden leicht unterdrückt. Verhindern Sie dies durch Jäten. Dünnen Sie die Keimlinge auf 2–3 cm Abstand aus; sie bereichern Salate mit einem überraschend intensiven Zwiebelgeschmack. Lassen Sie die Erde in Töpfen nie austrocknen. In Beeten benötigen Lauchzwiebeln nur während Trockenphasen Wassergaben. Schützen Sie überwinternde Lauchzwiebeln mit Pflanzglocken.

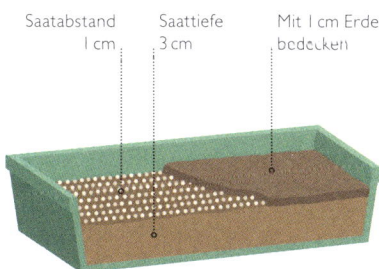

Saatabstand 1 cm
Saattiefe 3 cm
Mit 1 cm Erde bedecken

Dünnen Sie Lauchzwiebeln aus, wenn die Keimlinge etwa 5 cm groß sind.

Lauchzwiebeln gibt es in Weiß oder dekorativem Rot.

SORTEN

Weiße und rote Sorten bringen im Sommer und Herbst guten Ertrag.

'APACHE' Frische, rote Sorte für die Frühlings- und Sommeraussaat

'WHITE LISBON' Verbreitete, schnellwachsende Sorte; würziger Geschmack

'WINTERHECKE' Sorte ohne Zwiebelbildung; Ernte ganzjährig

KNOBLAUCH

Auch wenn sein Duft eng mit der Mittelmeerküche verbunden ist, ist Knoblauch eine winterharte Pflanze. Er wird am besten im Herbst gesteckt und kann dann im Sommer geerntet werden. Bauen Sie reichlich Knoblauch an. Frische Knollen sind sehr aromatisch, trockene gut lagerfähig.

SCHWIERIGKEIT Einfach
AUSSAAT Oktober bis November
BODEN Durchlässig
STANDORT Vollsonnig
KEIMDAUER 4–6 Wochen
ANBAU Aus Zehen
ERNTEMENGE 18–20 Knollen pro 2 m Reihe

ANBAUKALENDER

	WINTER	FRÜHLING	SOMMER	HERBST
AUSSAAT				
ERNTE				

Frischer Knoblauch
Knollen

Dauer von der Aussaat bis zur Ernte
5–9 Monate

ERNTEN

Um mildes Aroma zu genießen, ziehen Sie einige Knollen schon im Frühsommer. Den Rest ernten Sie, wenn das Laub gelb wird, vorsichtig mit der Grabegabel. Lassen Sie die Knollen eine Woche auf dem Beet trocknen, danach können Sie sie zum Lagern aufhängen.

STECKEN

Trennen Sie Pflanzknoblauchzehen von der Knolle. Am besten werden sie im Herbst gesetzt, denn Knoblauch braucht etwa sechs Wochen Kälte, um Zehen zu bilden. Fehlt diese, kann nur eine ungeteilte Knolle geerntet werden.

Machen Sie mit der Pflanzkelle oder dem Pflanzholz ein 10 cm tiefes Loch und legen Sie eine Zehe mit der Spitze nach oben hinein. Bedecken Sie sie mit Erde. Bei Blockpflanzung legt man die Zehen mit 18 cm Abstand, in Reihen versetzt alle 10 cm. Ist es sehr nass, ziehen Sie den Knoblauch in Töpfen vor und pflanzen Sie ihn im Vorfrühling aus.

Das Jäten von Hand ist oft die einzige Möglichkeit, Unkraut zu entfernen, ohne das zarte Laub zu verletzen.

PFLEGEN

Jäten Sie vorsichtig mit der Hacke oder der Hand. Im Frühjahr werden die Knollen immer dicker. Ist es in dieser Zeit trocken, sollte wöchentlich gegossen werden. In Töpfen sollte Knoblauch gleichmäßig feucht gehalten und im Frühjahr wöchentlich gedüngt werden. Entfernen Sie Blütenstiele. Die Kraft steckt die Pflanze dann in die Knollen.

Lagern Sie die Knollen trocken und frostfrei. Sie sind mindestens sechs Monate haltbar.

SORTEN

»Hardneck«-Sorten haben einen feineren Geschmack, »Softneck«-Sorten sind besser lagerfähig.

'FLAVOR' Früh abreifende Sorte; gut lagerfähig

'PICARDY WIGHT' Sehr aromatische Softneck-Sorte für Knoblauchfans; gut lagerfähig

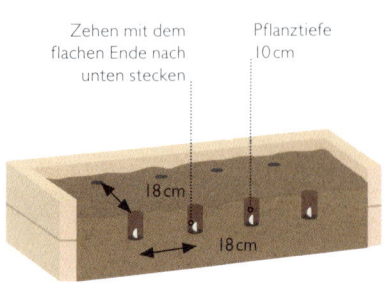

Zehen mit dem flachen Ende nach unten stecken
Pflanztiefe 10 cm
18 cm
18 cm

SCHNITTLAUCH

Schnittlauch ist eine pflegeleichte, mehrjährige Würzpflanzen mit zwiebeligem Geschmack. Die Horste mit aufrechten hellgrünen Röhrenblättern und violetten Pompon-Blüten passen in Ziergärten, in Pflanzgefäße oder ins Gemüsebeet. Auch als Einfassung von Beeten ist Schnittlauch geeignet.

SCHWIERIGKEIT Einfach
AUSSAAT März bis Mai
BODEN Durchlässig; feucht
STANDORT Vollsonnig; halbschattig
KEIMDAUER 7–14 Tage
ANBAU Aus Samen oder Jungpflanzen
ERNTEMENGE 500 g pro 2 m Reihe

ANBAUKALENDER

	WINTER	FRÜHLING	SOMMER	HERBST
AUSSAAT				
ERNTE				

Erstes Jahr
Folgejahre

Zeit von der Aussaat bis zur Ernte
8–10 Wochen

Schnittlauch bildet dichte Horste. Sämtliche oberirdischen Teile sind essbar.

SÄEN

Säen Sie Schnittlauch, sobald der Boden sich im Frühling erwärmt hat, direkt ins Freiland. Ziehen Sie dafür eine 1 cm tiefe Rille und legen Sie die Samen darin dünn ab. Bedecken Sie diese dann mit Erde. Gießen und markieren Sie die Reihen. Reihenabstand: 30 cm.

Soll Schnittlauch zwischen anderen Pflanzen wachsen, ziehen Sie ihn im Vorfrühling im Haus vor, denn die kleinen Keimlinge werden leicht überwuchert. Legen Sie die Samen auf der Erde ab und bedecken Sie sie leicht mit Erde. Manchmal werden Jungpflanzen im Gartenfachhandel angeboten.

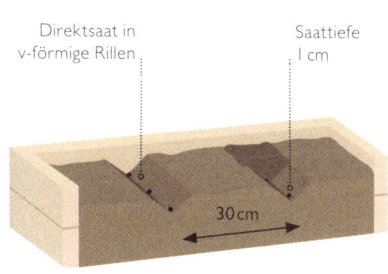

Direktsaat in v-förmige Rillen
Saattiefe 1 cm
30 cm

Vorgezogene Pflanzen erst abhärten und dann ins Freie setzen.

PFLEGEN

Dünnen Sie Aussaaten im Beet schrittweise auf einen Abstand von 23 cm aus. Die entfernten Pflänzchen sind eine leckere Zutat für Salate. Gießen Sie die Pflanzen im Sommer regelmäßig, um das Wachstum anzuregen. Düngen Sie Pflanzen im Topf wöchentlich. Entfernen Sie welke Blüten, sonst verbreitet sich der Schnittlauch durch Selbstaussaat. Damit die Horste kräftig bleiben, sollten sie alle drei Jahre ausgegraben und geteilt werden.

ERNTEN

Schneiden Sie die Röhrenblätter nach Bedarf mit einer Schere, aber frühestens acht Wochen nach der Aussaat. Die Blüten sind ebenfalls essbar.

SORTEN

Die Art (*Allium schoenoprasum*) ist sehr verbreitet, halten Sie aber Ausschau nach anderen Farben und Aromen.

'CORSICAN WHITE' Pflegeleichte Sorte mit weißen Blüten; ideal für Staudenbeete
'FORESCATE' Wüchsige, aromatische Sorte mit bläulichem Laub und attraktiven Blüten in Pink
SCHNITTKNOBLAUCH Allium-Art mit knoblauchähnlichem Geschmack

PORREE

Die süßlichen, weiß-grünen Stangen von Porree (Lauch) stehen auch bei Schnee und Frost zur Ernte bereit und sind ideal für Suppen und Eintöpfe. Wegen seiner langen Anbauzeit ist Porree in kleinen Gärten schwer unterzubringen. Planen Sie die Pflanzung nach frühen Sommerkulturen ein.

SCHWIERIGKEIT Einfach
AUSSAAT Februar bis März (im Haus); April (im Freiland)
BODEN Nährstoffreich; durchlässig
STANDORT Vollsonnig
KEIMDAUER 10–14 Tage
ANBAU Aus Samen oder als Jungpflanzen
ERNTEMENGE 5 kg pro 2 m Reihe

ANBAUKALENDER

	WINTER	FRÜHLING	SOMMER	HERBST
AUSSAAT				
ERNTE				

Im Haus
Im Freiland

Zeit von der Aussaat bis zur Ernte
5–7 Monate

SÄEN

Porree braucht von der Aussaat bis zur Ernte sehr lange. Daher wird er nur selten direkt an seinen endgültigen Platz im Beet gesät. Üblicherweise wird er im Frühling in ein extra Saatbeet gesät und die jungen Pflänzchen im Frühsommer ins Gemüsebeet verpflanzt. Ist dafür kein Platz, kann Porree im Haus in Töpfen vorgezogen werden. Säen Sie zwei oder drei Sorten, damit Sie ab dem Spätsommer bis in den Vorfrühling ernten können. Sommerporree wird im Winter bis zum Vorfrühling gesät, Herbstporree im Vorfrühling und Winterporree im Erstfrühling.

IN GEFÄSSEN Füllen Sie tiefe Anzuchtschalen, Multitopfplatten oder Töpfe mit etwa 17 cm Durchmesser bis 2 cm unter den Rand mit Erde. In Schalen oder Töpfen streuen Sie die Samen mit etwa 2 cm Abstand voneinander aus. In Multitopfplatten wird je Topf ein Korn abgelegt. Bedecken Sie die Samen 1 cm dick mit Erde; gießen und beschriften Sie die Aussaat. Winter- und Vorfrühlingsaussaaten werden bei 10–15 °C auf ein Fensterbrett gestellt; Erstfrühlingssaaten können auch im Freien stehen.

IN BEETEN Porree kann im Freien gesät werden, sobald der Boden sich im Erstfrühling erwärmt hat. Er braucht einen nährstoffreichen, vollsonnigen Standort und ein feinkrümeliges Saatbett. Ziehen Sie entlang einer Schnur eine 1 cm tiefe Rille und legen Sie die Samen mit 2 cm Abstand hinein. Schließen Sie die Rille und gießen und markieren Sie sie.

Anzuchtgefäß bis 2 cm unter den Rand mit Erde füllen

Saatabstand 2 cm

1 cm hoch mit Erde bedecken

Wird Porree einzeln in kleine Töpfchen gesät, werden seine Wurzeln beim Auspflanzen nicht verletzt.

PFLEGEN

VERPFLANZEN Pflanzen Sie den Porree an seinen endgültigen Platz, wenn er etwa 20 cm hoch ist. Ideal ist ein nährstoffreiches, sonniges Beet. Er gedeiht aber auch in großen, tiefen Töpfen.

Ziehen Sie bei Porreepflanzen aus dem Saatbett und aus Töpfen oder Schalen die Wurzeln vorsichtig auseinander. Drücken Sie mit dem Pflanzholz oder einem Gerätestiel 10–15 cm tiefe Löcher in das Beet und setzen Sie je eine Pflanze hinein. Das tiefe Pflanzen sorgt für lange weiße Schäfte. Jungpflanzen aus Multitopfplatten mit Ballen werden genauso tief gepflanzt. Gepflanzt wird versetzt im Pflanzabstand von 10–15 cm. Reihenabstand: 30 cm.

GIESSEN Statt die Löcher nach der Pflanzung wieder zuzuschütten, füllen Sie sie mit Wasser. Die Erde sackt dann langsam um Schaft und Wurzeln. Gießen Sie täglich, bis der Porree angewachsen ist, ebenso in trockenen Phasen. Düngen Sie im Sommer 14-tägig.

JÄTEN Regelmäßiges Jäten zwischen den Reihen mit der Hacke oder per Hand ist wichtig, denn die dünnen Pflanzen vertragen keine Konkurrenz.

Für guten Ertrag braucht Porree einen nährstoffreichen Boden.

ERNTEN

Porree kann ab dem Spätsommer nach Bedarf geerntet werden. In leichten Böden kann er einfach herausgezogen werden. In schwereren lockert man ihn erst mit der Grabegabel. Meist beginnt man etwa drei Monate nach der Pflanzung mit der Ernte, späte Sorten bleiben auch im Winter auf dem Beet. Ernten und verbrauchen Sie die letzten Stangen, bevor sie zu blühen beginnen.

Porree wird geerntet, sobald er 2,5 cm dick ist. Je tiefer er im Boden steht, desto länger wird der weiße Schaft.

SORTEN

Für eine frühe Ernte sind Sommersorten zu empfehlen. Herbst- und Wintersorten können bis zum Frühjahr geerntet werden.

'BAVARIA' Schnellwachsende Sommersorte mit langen Schäften

'BLAUGRÜNER WINTER' Besonders frostfester Winterporree mit hohem Ertrag und dicken Schäften; dunkles Laub

'DE CARETAN 2' Bewährte, frosthart späte Wintersorte mit dicken Schäften

'ELEFANT' Beliebte Sorte für die Herbst- und Winterernte

'HERBSTRIESEN 2/HANNIBAL' Robuste Sorte für die Ernte ab dem Spätsommer

'MUSSELBURGH' Alte, winterharte Sorte mit mitteldicken Stangen

Wintersorten vertragen Frost und können nach Bedarf geerntet werden.

ERSTE HILFE

Vielleicht liegt es an ihrem intensiven Duft, dass Lauchgewächse nicht viele Feinde haben. Insekten, die auf den Geschmack gekommen sind, können die Pflanzen jedoch ernsthaft schädigen. Die größten Probleme beim Anbau von Lauchgewächsen bereiten jedoch Pilzkrankheiten. Ein durchlässiger Boden und gute Fruchtfolge beugen ihnen vor.

LAUCHMINIERFLIEGE

SCHADBILD Reihenförmige weiße Flecken auf dem Laub; kleine weiße Larven oder braune Puppen in Stangen und Zwiebeln; Pflanzen faulen
URSACHE Adulte Tiere saugen an den Blättern; Fraßschäden an Blättern, Schäften und Zwiebeln durch Larven
ABHILFE Abdecken der Beete mit Gemüsenetzen im Frühling und Herbst

VÖGEL

SCHADBILD Steckzwiebeln sind aus der Erde gezogen
URSACHE Vögel, oft Amseln, die diese als Futter nutzen
ABHILFE Meist sind die Steckzwiebeln nicht verletzt und können wieder gepflanzt werden. Kommt das Herausziehen öfter vor, Zwiebeln mit Netzen oder Vlies abdecken, bis sie austreiben

LAUCHMOTTE

SCHADBILD Helle Flecken auf dem Laub von Porree, Zwiebeln und Knoblauch; Fraßgänge in den Schäften; Fäulnis
URSACHE Fraßschäden durch die cremeweißen Raupen der Lauchmotte
ABHILFE Abdecken mit Vlies oder Gemüsenetzen vom Vollfrühling bis Spätherbst; Kokons zerdrücken; im Folgejahr auf anderem Beet anbauen

ZWIEBELFLIEGE

SCHADBILD Keimlinge von Zwiebeln, Schalotten und Porree sterben ab; Laub größerer Pflanzen wird gelb und welk
URSACHE Fraß an Wurzeln und Zwiebeln durch Larven der Zwiebelfliege
ABHILFE Anbau unter Gemüsenetzen verhindert die Eiablage; Nematoden zur Bekämpfung der Larven; Anbau aus Steckzwiebeln statt aus Samen

ZWIEBELTHRIPS

SCHADBILD Weiße Flecken auf dem Laub von Porree, Zwiebeln, Schalotten oder Knoblauch
URSACHE Kleine saugende Insekten; etwa 2 mm groß
ABHILFE Gesunde Pflanzen verkraften einen Befall; biologische Pflanzenschutzmittel wie Pyrethrum sind effektiv; Anwendungshinweise beachten

SCHIESSEN

SCHADBILD Pflanzen bilden frühzeitig Blütenstiele
URSACHE Temperaturschwankungen während der Keimung und bei frühem Anbau; heiße Trockenperioden
ABHILFE Aussaaten durch Aufstellen im Haus oder mit Vlies vor Kälte schützen; in Trockenphasen gießen; schießende Pflanzen sofort ernten

STÄNGELGRUNDFÄULE

SCHADBILD Keimlinge fallen um und sterben ab; weißer Pilzrasen erkennbar
URSACHE Pilzbefall der Keimlinge
ABHILFE Saubere Töpfe und frische Erde verwenden; Samen so dünn wie möglich aussäen; beim Vorziehen für gute Belüftung sorgen, sobald die Samen keimen, um die Luftfeuchtigkeit an den Pflanzen zu verringern

PORREEROST

SCHADBILD Erhabene, leuchtend orange Flecken auf Laub und Schäften von Lauchgewächsen
URSACHE Pilzkrankheit
ABHILFE Weite Pflanzabstände verbessern die Luftzirkulation; Bekämpfung im Hausgarten nicht möglich. Stark befallene Pflanzen entfernen; Fruchtfolge beachten; resistente Sorten wählen

FALSCHER MEHLTAU

SCHADBILD Das Laub von Zwiebeln, Schalotten, Lauchzwiebeln oder Schnittlauch wird erst gelb, dann weiß. Manchmal ist ein Pilzrasen erkennbar
URSACHE Pilzbefall
ABHILFE Befallene Pflanzen im Hausmüll entsorgen; Luftzirkulation durch weite Pflanzabstände und Jäten verbessern; Fruchtfolge beachten

MEHLKRANKHEIT

SCHADBILD Laub welkt und wird gelb; Zwiebelböden und Wurzeln faulen; weißes, wattiges Pilzgeflecht
URSACHE Bodenbürtiger Pilz
ABHILFE Bekämpfung im Hausgarten nicht möglich; Pilz bleibt mehrere Jahre im Boden. Befallene Erde nicht in den Garten tragen; nur gesunde Steckzwiebeln und Knoblauchzehen stecken

Tomaten und Paprika sind beliebte, wärmebedürftige Gemüsearten, die ähnliche Bedürfnisse haben. Meist werden sie in die gleiche Gartenecke gepflanzt.

SOMMERGEMÜSE

Schnell wachsend, reich blühend und mit farbenfrohen Früchten: Diese Gemüsearten sind leicht anzubauen und ein echter Hingucker! Genießen Sie sie frisch mit Freunden im Garten als Salat, gegrillt oder zu Salsa verarbeitet.

SOMMERKÖSTLICHKEITEN

Sommergemüsearten werden in einer riesigen Vielfalt an Sorten als Saatgut angeboten – kein Vergleich zu dem, was Sie an Jungpflanzen kaufen können. Alte Tomaten, exotische Chilis und delikate Kürbisse regen die Lust am Gemüsegärtnern an. Die Aussaat erfolgt im Haus ab dem Vorfrühling. Geerntet wird vom Hochsommer bis in den Herbst. Der Duft und der intensive Geschmack von eigenen Tomaten, die Süße von frisch geerntetem Zuckermais, knackige Gurken und butterweiche Zucchini machen vom ersten Bissen an süchtig.

FÜR WÄRME SORGEN

Die Arten, die in diesem Kapitel vorgestellt werden, brauchen Wärme und eine lange Wachstumszeit, um einen guten Ertrag zu liefern. In gemäßigten Zonen ist es empfehlenswert, ihnen durch das Vorziehen auf der Fensterbank einen Vorsprung zu verschaffen. Anschließend ist es wichtig, sie mit so viel Sommerwärme und Sonnenlicht wie möglich zu versorgen. Ein vollsonniger, geschützter Platz im Freiland oder, falls vorhanden, ein Gewächshaus sind ideal. Für kühlere Regionen sind kompakt oder buschig wachsende Sorten geeignet. Sie wachsen schnell und bilden meist kleinere Früchte, die schnell reifen. Regelmäßiges Gießen und Düngen unterstützt das Wachstum. Beides muss allerdings konsequent durchgehalten werden. Sonst können die Früchte verderben oder aufplatzen.

EIN GUTER STANDORT

Als dekorativer Hingucker für sonnige Balkone und Terrassen können Strauchtomaten, Chilis, Paprika und Auberginen mit ihren farbenfrohen Früchten im Topf gezogen werden. Wird es im Herbst kühler, bringen Sie die Pflanzen ins Haus. Bauen Sie Stabtomaten, Gurken und Zucchini in großen Töpfen oder Pflanztaschen an, wenn Ihnen nur wenig Beetfläche zur Verfügung steht. Kürbisse und Artischocken bilden tiefe Wurzeln und sollten besser in Beeten stehen. Zuckermais pflanzen Sie am besten in Blöcken ins Beet, damit die Windbestäubung auch zuverlässig funktioniert.

STRAUCHTOMATEN

Stellen Sie die wärmeliebenden Pflanzen an einen sonnigen Platz und Sie werden großzügige Mengen unwiderstehlicher Tomaten ernten können. Anbinden und Ausgeizen brauchen Sie sie nicht. Die meisten Sorten werden etwa 60–90 cm breit und sehen in Töpfen und Ampeln schön aus.

SCHWIERIGKEIT Einfach
AUSSAAT März (im Haus); März bis April (Freiland)
BODEN Nährstoffreich; durchlässig; pH-Wert über 6,5
STANDORT Vollsonnig; geschützt
KEIMDAUER 3–14 Tage
ANBAU Aus Samen ziehen oder Jungpflanzen setzen
ERNTEMENGE 1,8–2,5 kg pro Pflanze

ANBAUKALENDER

	WINTER	FRÜHLING	SOMMER	HERBST
AUSSAAT		▇		
ERNTE			▇▇	▇

▢ Im Haus
▇ Im Freiland

Zeit von der Aussaat bis zur Ernte
3–4 Monate

PFLEGEN

TOPFEN Werden die Jungpflanzen größer, setzen Sie sie in größere Töpfe und stellen diese auf der Fensterbank so weit auseinander wie möglich. Beginnen Sie im Vollfrühling damit, die Pflanzen täglich etwas länger ins Freie zu stellen. Nach zwei Wochen können sie über Nacht draußen bleiben.

PFLANZEN Töpfe sollten mindestens einen Durchmesser von 23 cm haben. Füllen Sie diese bis 5 cm unter den Rand mit Erde. Für die Pflanzung im Freiland eignet sich ein Beet, das mit Kompost oder Dünger angereichert wurde. Setzen Sie die Pflanzen nach den letzten Frösten an ihren Platz. Sie sollten etwas tiefer gepflanzt werden, als sie vorher im Topf standen. Dann kräftig angießen.

SÄEN

Füllen Sie Multitopfplatten oder Töpfe mit Erde und drücken Sie 5 mm tiefe Löcher hinein. Legen Sie einen Samen in jedes Loch, bedecken Sie ihn mit Erde und gießen Sie. Stellen Sie die Töpfe in ein Zimmergewächshaus oder decken sie mit Klarsichtfolie ab. Dann gehen Wärme und Feuchtigkeit nicht verloren. Stellen Sie die Töpfe auf ein warmes, helles Fensterbrett. Sobald die Samen keimen, entfernen Sie die Abdeckung, damit die Pflänzchen nicht zu luftfeucht stehen. Gießen und drehen Sie die Töpfe oder Schalen mit den Pflanzen regelmäßig. Setzen Sie die Pflanzen nach den letzten Frösten nach draußen.

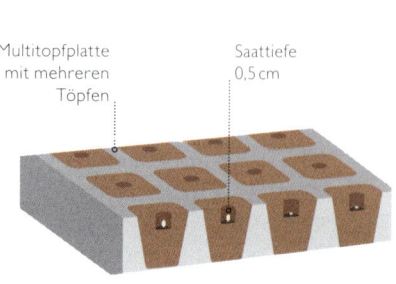

Multitopfplatte mit mehreren Töpfen

Saattiefe 0,5 cm

Säen Sie in feuchte Erde. Innerhalb weniger Wochen wachsen kräftige Sämlinge heran.

PFLANZEN KAUFEN Haben Sie keinen Platz, um Tomaten vorzuziehen, oder benötigen Sie nur ein oder zwei Stück, kaufen Sie Jungpflanzen. Wählen Sie kurze, dunkelgrüne Exemplare und härten Sie sie vor dem Auspflanzen ins Freiland ab.

Beim Topfen die Pflanzen nicht am Haupttrieb halten. Er darf nicht brechen.

GIESSEN Pflanzen in Töpfen sollten regelmäßig, aber nicht übermäßig gegossen werden. Im Beet brauchen sie nur während Trockenperioden Wasser. Setzen die Tomaten Blüten an, gießen Sie regelmäßig oder installieren Sie eine Bewässerungsanlage (S. 37). Pflanzen im Topf benötigen täglich Wasser.

DÜNGEN Geben Sie einen kaliumbetonten (Tomaten-)Flüssigdünger, sobald die Pflanzen Früchte ansetzen.

SCHÜTZEN Stehen kalte Nächte an, decken Sie die Pflanzen mit Vlies ab. Sammeln Sie Schnecken von Hand ab.

Eine Tröpfchenbewässerung bringt das Wasser direkt zur Pflanzenbasis.

ERNTEN

Früchte, die direkt an der Pflanze reifen, schmecken am süßesten. Pflücken Sie nach Bedarf und verzehren Sie die Tomaten möglichst bald. Im Kühlschrank geht ihr Geschmack verloren. Ernten Sie im Herbst alle verbliebenen Früchte und bringen Sie diese zum Nachreifen an einen nicht zu sonnigen Platz im Haus.

Zum Ernten halten Sie Trieb und Frucht fest und ziehen Sie sie vorsichtig auseinander. Der Stiel sollte oberhalb der Kelchblätter brechen.

SORTEN

Strauchtomaten haben meist kleine, aber aromatische Früchte. In Gegenden mit feuchten Sommern sind kraut- und braunfäuleresistente Sorten ideal.

'KORALIK' Früh reifende, widerstandsfähige Sorte aus Osteuropa; kommt gut mit kühlen, nassen Sommern zurecht

'LIZZANO' Hängend wachsende Sorte für Töpfe oder Beete; bildet dicke Trauben roter Cherrytomaten

'LOSETTO' Unzählige kleine Früchte, die schnell reifen und sehr süß schmecken

'SUNVIVA' Gelbfrüchtige Cherrytomate; gut fürs Freiland geeignet

'TUMBLER' Beliebte, hängend wachsende Sorte; perfekt für Ampeln oder Töpfe

ZUM AUSPROBIEREN

Für eine Tomatenpflanze findet sich immer ein Plätzchen, sei es auf einer sonnigen Terrasse oder auf einem Balkon. Ideal dafür sind spezielle Balkonsorten mit kompaktem Wuchs wie 'Balkonzauber' und 'Micro Tom'. Sie werden nur etwa 30 cm hoch und breit und kommen in kleinen Gefäßen zurecht. Wird sorgfältig gegossen und gedüngt, reicht ein Topf mit 12 cm Durchmesser. Durch die geringe Pflanzengröße ist allerdings keine riesige Ernte zu erwarten. Als süßer, selbst angebauter Sommersnack bereiten Balkontomaten trotzdem große Freude.

Balkonsorten bringen überraschend viele Früchte hervor, allerdings nur für kurze Zeit.

STABTOMATEN

Stabtomaten sind hohe wärmeliebende **Pflanzen** mit einem Haupttrieb, der gestützt werden muss. Sie bringen große Früchte hervor und liefern mehr Ertrag als Strauchtomaten, brauchen aber länger. In warmen Gegenden können sie im Freiland angebaut werden, in kühlen im Gewächshaus.

SCHWIERIGKEIT Einfach
AUSSAAT März (unbeheiztes Gewächshaus); April (Freiland)
BODEN Nährstoffreich; durchlässig; pH-Wert über 6,5
STANDORT Vollsonnig; geschützt
KEIMDAUER 3–14 Tage
ANBAU Aus Samen oder als Jungpflanzen
ERNTEMENGE 2–4 kg pro Pflanze

ANBAUKALENDER

	WINTER	FRÜHLING	SOMMER	HERBST
AUSSAAT		▓▓		
ERNTE			▓▓	

Unbeh. Gewächshaus
Freiland

Zeit von der Aussaat bis zur Ernte
4 Monate

SÄEN

Tomaten haben eine lange Anbauzeit und vertragen keinen Frost. Ziehen Sie sie im Vorfrühling im Haus vor und pflanzen Sie sie im Vollfrühling ins Gewächshaus oder im Frühsommer nach draußen. Beginnen Sie nicht zu früh mit der Aussaat.

AUSSAAT IN PLATTEN Füllen Sie Multitopfplatten mit Erde und legen Sie pro Topf einen Samen 2 cm tief hinein. Dann bedecken Sie die Samen, gießen sie und beschriften die Sorten. Decken Sie die Platten mit Folie ab oder stellen Sie sie in einem Zimmergewächshaus auf ein sonniges Fensterbrett. Sobald

Ziehen Sie Tomaten im Warmen in Multitopfplatten vor.

die Samen gekeimt sind, entfernen Sie die Abdeckung und halten Sie die Erde feucht. Sind die Pflanzen etwa 8 cm groß und haben drei »echte« Blätter, topfen Sie jede in einen 9-cm-Topf. Stellen Sie die Töpfe so auf, dass die Pflanzen sich nicht berühren.

PFLANZEN KAUFEN Haben Sie keinen Platz, um Pflanzen im Haus vorzuziehen, oder benötigen Sie nur ein oder zwei Stück, kaufen Sie Jungpflanzen. Sie sollten gedrungen gewachsen und dunkelgrün sein.

PFLEGEN

PFLANZEN Gewöhnen Sie die Pflanzen an die Bedingungen draußen, indem Sie sie im Vollfrühling über den Zeitraum von etwa zwei Wochen jeden Tag etwas länger ins Freie stellen. Nach den letzten Frösten können sie ins Freiland oder im Vollfrühling ins unbeheizte Gewächshaus gesetzt werden.

Stabtomaten brauchen volle Sonne, nährstoffreiche Erde und einen Topf mit mindestens 23 cm Durchmesser. Der Pflanzabstand beträgt 45 cm. Die Pflanzen werden bis kurz über dem ersten Blattpaar in die Erde gesetzt. Sorgen Sie für stabile Stützen, wie Tomaten- oder Spiralstäbe, und binden Sie den Haupttrieb locker an.

Nach dem Pflanzen werden die Tomaten vorsichtig angebunden.

Tiefes Loch in die Erde drücken

Pflanze mit Ballen hineinsetzen

STÜTZEN Während die Pflanze wächst, binden Sie den Haupttrieb immer wieder an der Stütze an. Kneifen Sie Seitentriebe, die sich in den Blattachseln bilden, heraus. Das regt die Pflanzen zur Blütenbildung an. Kürzen Sie den Haupttrieb ein, sobald die Pflanze fünf Fruchttrauben gebildet hat. Dann reifen die Früchte besser aus.

Geizen Sie Seitentriebe aus, die sich in den Blattachseln bilden.

GIESSEN UND DÜNGEN Freilandtomaten müssen gegossen werden, wenn es sehr trocken ist, bevor sie Blüten ansetzen. Wöchentliches Gießen ist notwendig, wenn es danach trocken bleibt. In nährstoffreichem Boden benötigen sie kaum Dünger. Eine wöchentliche Gabe Flüssigdünger während des Fruchtansatzes ist sinnvoll.

In Töpfen oder im Haus brauchen Tomaten täglich Wasser und zweimal wöchentlich Flüssigdünger, sobald der erste Fruchtansatz zu sehen ist.

Gießen Sie Pflanzen im Topf so lange, bis das Wasser unten herausläuft.

ERNTEN

Pfücken Sie reife Tomaten, indem Sie den kurzen Stiel von der Pflanze abbrechen. Tomaten vertragen keine Kälte. Ernten Sie sie also alle vor den ersten Frösten und bewahren Sie sie nicht im Kühlschrank auf. Unreife Früchte können mit dem Fruchtstand abgeschnitten werden, um sie im Haus nachreifen zu lassen. Oder Sie verarbeiten die grünen Tomaten zu Chutneys.

Ernten Sie Tomaten, wenn sie vollständig gefärbt sind. Dann schmecken sie am intensivsten.

SORTEN

Wer denkt, Tomaten gäbe es nur in Rot, wird von der Vielfalt an Formen, Größen und Farben überrascht sein. Verschiedene Geschmacksrichtungen mischen zu können ist ein riesiger Vorteil des eigenen Anbaus.

'FERLINE' Kraut- und Braunfäuletolerante Sorte mit vielen, wohlschmeckenden Früchten; gute Freilandsorte

'GÄRTNERS FREUDE' Bewährte Sorte mit großen Cocktailtomaten; wächst im Freiland und im Haus

'SUNGOLD' Die orangen Früchte dieser Cherrytomate sind besonders süß.

'SWEET MILLION' Hängende Trauben mit kleinen, zuckersüßen Tomaten, die gut im Freiland reifen

'SWEET OLIVE' Geschmacksintensive und gut tragende Cocktailtomate.

'TIGERELLA' Delikate, orange-rote Früchte mit grünen Streifen

ZUCCHINI UND KÜRBISSE

Diese schnell wachsenden Pflanzen sind äußerst produktiv. Zucchini und Patisson wachsen als buschige Pflanzen und werden jung geerntet. Kürbisse bilden lange Triebe. Ihre Früchte sind erntereif, wenn die Schale ausgehärtet ist.

SCHWIERIGKEIT Einfach
AUSSAAT April bis Mai (im Haus); Juni (Freiland)
BODEN Nährstoffreich; durchlässig
STANDORT Vollsonnig; geschützt
KEIMDAUER 3–7 Tage
ANBAU Aus Samen ziehen oder Jungpflanzen setzen
ERNTEMENGE Bis zu 20 Früchte pro Pflanze

ANBAUKALENDER

	WINTER	FRÜHLING	SOMMER	HERBST
AUSSAAT		■ ■		
ERNTE			■ ■	■

Zucchini
Kürbis

Zeit von der Aussaat bis zur Ernte
2–3 Monate

SÄEN

Zucchini und Kürbisse sind empfindliche Pflanzen, die Wärme benötigen, um zu keimen. Man sät sie ab dem Erstfrühling im Haus, etwa einen Monat bevor die letzten Fröste anstehen. Säen Sie die Samen 2 cm tief aus, gießen Sie und stellen Sie die Aussaat mit durchsichtiger Folie abgedeckt oder in einem Zimmergewächshaus an einen hellen Ort.

In Beete, in die reichlich organisches Material eingearbeitet wurde, können Sie ab dem Frühsommer auch direkt säen. Dabei werden alle 90 cm zwei

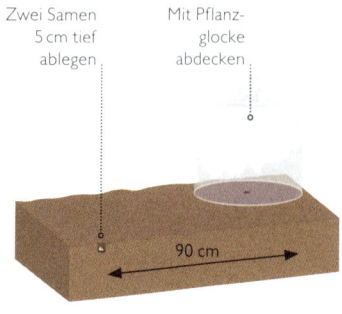

Zwei Samen 5 cm tief ablegen

Mit Pflanzglocke abdecken

90 cm

Zucchini bilden reichlich Früchte. Ziehen Sie nicht zu viele Pflanzen vor.

Samen 2 cm tief in die Erde gesteckt. Decken Sie die Samen mit Erde ab und schützen Sie sie mit einer Pflanzglocke. Brauchen Sie nur wenige Pflanzen oder haben Sie im Haus keinen Platz sie vorzuziehen, können Sie auch Jungpflanzen von Zucchini und Kürbis im Gartenfachhandel kaufen.

PFLEGEN

PFLANZEN Bereiten Sie den Boden mit reifem Mist oder Kompost vor und bilden Sie bei schweren Böden einen 15 cm hohen Damm guter Erde auf dem Beet. Gewöhnen Sie die Pflanzen über 2–3 Wochen an die Bedingungen im Freien. Zucchini und Kürbisse können auch in Töpfen oder Pflanzsäcken angebaut werden.

Lassen Sie zwischen den Pflanzen 90 cm Platz. Setzen Sie sie so tief in den Boden, wie sie vorher im Topf standen. Drücken und gießen Sie die Erde gut an. Um die zartbesaiteten Gewächse vor Kälte zu schützen, decken Sie sie mit Pflanzglocken ab.

Beschädigen Sie die Wurzeln nicht, wenn Sie Zucchini oder Kürbis pflanzen.

DÜNGEN UND GIESSEN Zucchini und Kürbis werden oft von Stängelfäule befallen. Gießen Sie nur bei Trockenheit oder wenn Sie auf Sandboden gärtnern. Im Topf benötigen die schnell wachsenden Pflanzen täglich mindestens einmal Wasser. Haben sie die ersten Früchte angesetzt, sollten Pflanzen im Topf zweimal wöchentlich mit einem Tomatenflüssigdünger gegossen werden. Im Beet benötigen Zucchini und Kürbis nur Dünger, wenn sie schlecht wachsen.

Halten Sie zur Bestäubung die männliche auf die weibliche Blüte.

BEFRUCHTEN Zucchini und Kürbisse bilden rein männliche und rein weibliche Blüten und brauchen zur Bestäubung Insekten. Ist es kühl oder regnerisch, können Sie die Ernte durch die Handbestäubung weiblicher Blüten verbessern. Man erkennt Letztere an einem kleinen unreifen Fruchtansatz unterhalb der Blütenblätter. Pflücken Sie dafür eine männliche Blüte, entfernen Sie die Blütenblätter und drücken Sie sie in die Mitte der weiblichen Blüte.

Um große Kürbisse zu ernten, lassen Sie nicht mehr als drei Früchte reifen. Entfernen Sie die Triebspitzen sowie überzählige Blüten.

ERNTEN

Zucchini und Patisson schmecken am besten, wenn sie noch klein sind. Zudem wird die Pflanze angeregt, weitere Früchte zu bilden, und es kommt nicht zu den großen, geschmacklosen Riesenexemplaren. Drehen oder schneiden Sie die Früchte von der Pflanze.

Kürbisse sollten an der Pflanze ausreifen. Entfernen Sie im Spätsommer Blätter, die die Früchte beschatten, und lassen Sie die Schale in der Sonne hart werden. Ernten Sie vor dem ersten Frost, indem Sie die Früchte mit dem Stiel abschneiden. Trocken und frostfrei gelagert halten sie mehrere Monate.

Zucchiniblüten sind essbar und schmecken mit Ricotta gefüllt köstlich.

SORTEN

Zucchinisorten schmecken ähnlich, haben aber unterschiedliche Früchte. Achten Sie bei Kürbissen auf Größe und Lagerfähigkeit.

'DEFENDER' Reich tragende, widerstandsfähige Zucchini mit grünen Früchten

'HUNTER' Butternutkürbis mit orangem Fruchtfleisch; reift früh aus, daher gut für kühle Regionen geeignet
'SUNBURST' Patisson mit gelben UFO-förmigen Früchten
'UCHIKI KURI' Hokkaidokürbis mit köstlichem Fruchtfleisch
'WHITE BUSH' Hellgrüne Zucchinisorte mit sehr zartem Fruchtfleisch

ZUM AUSPROBIEREN

Viele Kürbis- und Zucchinisorten können an Rankgerüsten oder Bögen gezogen werden – eine gute Möglichkeit, sie auf kleinen Flächen anzubauen. Ihre großen Blätter verdrängen andere Pflanzen schnell, aber wenn man ihren Haupttrieb an eine stabile Stütze bindet, wachsen sie nach oben und unten bleibt Platz für andere. Ihre leuchtenden Blüten und die bunten Früchte sind äußerst dekorativ. Die Sorten 'Black Forest' und 'Shooting Star' sind gut dafür geeignet. Auch die bizarr geformten 'Tromboncino' und die meisten

Ihre farbenfrohen Früchte machen Kürbisse zu attraktiven Kletterpflanzen.

Kürbisse können gut zum Beranken von vertikalen Strukturen genutzt werden.

FREILANDGURKEN

In den entsprechenden Sorten können Gurken im Freiland angebaut werden. Freilandgurken bilden kleinere Früchte mit härterer Schale als Gewächshaussorten. Sie vertragen keinen Frost, sind aber widerstandsfähig gegen Schädlinge und Krankheiten sowie niedrige Temperaturen.

SCHWIERIGKEIT Einfach
AUSSAAT April bis Mai (im Haus); Juni (Freiland)
BODEN Nährstoffreich; durchlässig
STANDORT Vollsonnig; geschützt
KEIMDAUER 7–10 Tage
ANBAU Aus Samen ziehen oder Jungpflanzen setzen
ERNTEMENGE 20–30 Früchte pro Pflanze

ANBAUKALENDER

	WINTER	FRÜHLING	SOMMER	HERBST
AUSSAAT				
ERNTE				

Im Haus
Im Freiland
Zeit von der Aussaat bis zur Ernte
3 Monate

PFLEGEN

TOPFEN Die Sämlinge wachsen schnell und müssen 7–10 Tage nach der Keimung in 9-cm-Töpfe verpflanzt werden. Halten Sie sie feucht und lassen Sie sie bei 15 °C weiterwachsen.

STÜTZEN Lässt man die Gurkenpflanzen auf dem Boden ranken, brauchen sie einen Abstand von 90 cm. Zieht man sie an Rankhilfen, genügen 45 cm. Als Stütze können Rankgitter, Weidentipis oder Netze mit einer Höhe von etwa 1,80 m dienen. Stellen Sie diese vor dem Pflanzen auf und binden Sie den Haupttrieb fortlaufend fest, wenn die Pflanze wächst.

SÄEN

Die besten Pflanzen erhalten Sie durch das Vorziehen der Gurken in kleinen Töpfen ab dem Vorfrühling. Drücken Sie ein 2 cm tiefes Loch in die Mitte jedes Topfes und legen Sie je einen Samen hinein. Bedecken Sie ihn mit Erde, gießen Sie gut an, beschriften Sie die Töpfe und stellen sie in einer durchsichtigen Plastiktüte oder einem Zimmergewächshaus bei 20 °C auf.

Im Frühsommer können Sie Gurken auch direkt nach draußen säen. Verteilen Sie vorher viel organisches Material auf dem Boden und säen Sie pro Pflanzstelle sicherheitshalber je zwei Samen 2 cm tief aus. Gießen Sie

Säen Sie nicht zu viel aus: vier bis fünf kräftige Pflanzen reichen, um eine vierköpfige Familie zu versorgen.

kräftig und schützen Sie die Saaten mit Pflanzglocken. Keimen beide Samen, entfernen Sie den schwächeren. Steht Ihnen nur wenig Platz für die Anzucht im Haus zur Verfügung oder benötigen Sie nur wenige Pflanzen, kaufen Sie Jungpflanzen im Gartenfachhandel.

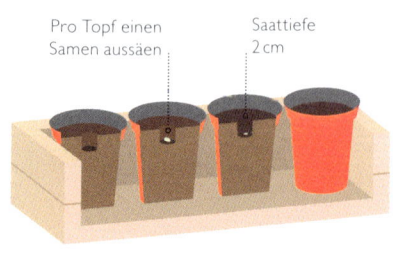

Pro Topf einen Samen aussäen
Saattiefe 2 cm

Eine Stütze für Gurkenpflanzen kann auch modern aussehen.

PFLANZEN Nach den letzten Frösten werden die abgehärteten Gurken an einen sonnigen, geschützten Standort mit gutem Boden gepflanzt; in schweren Böden auf einen etwa 15 cm hohen Damm. Setzen Sie die Pflanzen so tief in die Erde, wie sie im Topf saßen. Drücken Sie die Erde gut an, gießen Sie kräftig und schützen Sie die Pflanzen mit einer Pflanzglocke. Gurken können auch in großen Töpfen angebaut werden.

GIESSEN UND DÜNGEN Gießen Sie Pflanzen im Beet wöchentlich; solche im Topf an heißen Tagen ein- bis zweimal täglich. Gurken sind »hungrig«. Sobald sie Früchte ansetzen, profitieren sie auch im Beet von regelmäßigen Gaben eines Tomaten-Flüssigdüngers. Im Topf sollten sie zweimal wöchentlich gedüngt werden.

BEFRUCHTEN Gurken haben weibliche und männliche Blüten und brauchen Bestäuber für die Fruchtbildung. Es gibt auch rein weibliche Gurkensorten. Werden diese im Beet angebaut und von den Freilandgurken befruchtet, werden die Früchte bitter. Planen Sie einen Abstand zwischen den Sorten ein.

ERNTEN

Ernten Sie die Gurken, sobald sie eine brauchbare Größe haben. Schneiden Sie sie samt Stiel mit einem scharfen Messer oder einer Gartenschere ab. Morgens sind die Früchte kühl und knackig. Gurken tragen reichlich. Legen Sie einen Wintervorrat an Essiggurken an.

Gurken können auch direkt in Erdsäcke gepflanzt werden.

Gießen Sie viel, damit die Früchte prall werden, aber nicht zu viel.

Ernten Sie, wenn die Früchte etwa 20 cm lang sind.

ZUM AUSPROBIEREN

Mexikanische Minigurken (Cucamelon) haben frisches Fruchtfleisch und schmecken wie Gurken mit einem Hauch Zitrone. Sie sind lecker als Snack oder in Salaten und werden wie Freilandgurken angebaut. Cucamelons werden im Erstfrühling im Haus vorgezogen und nach den letzten Frösten an einen sonnigen, geschützten Platz gepflanzt. Bei hohen Temperaturen werden die Triebe bis zu 3 m lang. Die Triebspitzen sollten auf Höhe der Rankhilfen herausgeschnitten werden. Das fördert den Fruchtansatz. Erntet man regelmäßig, bilden sie von Hochsommer bis Frühherbst Früchte.

Mexikanische Minigurken erinnern an Mini-Wassermelonen.

SORTEN

Traditionelle Freilandgurken haben eine stachelige Schale. 'Burpless'-Sorten sind länger und glatter, alte Sorten sind oft sehr hell und rundlich.

'BURPLESS TASTY GREEN' Eine der schmackhaftesten Freilandsorten mit langen, fast stachellosen Früchten

'CRYSTAL APPLE' Bildet hellgelbe, rundliche Früchte mit delikatem, leicht süßem Geschmack

'DIAMANT' Einlegegurke, die zahlreiche kleine Gürkchen bildet

'MARKETMORE' Eine wenig krankheitsanfällige Landgurke mit leckeren, stacheligen 20 cm langen Früchten

AUBERGINEN

Auberginen sind dekorative Pflanzen mit weichen, graugrünen Blättern, violetten Blüten und glänzenden Früchten in Weiß bis hin zu dunklem Lila. Im Topf sind sie ein Hingucker für sonnige Terrassen. Blüten setzen sie nur in warmen Regionen, im Gewächshaus oder auf der Fensterbank an.

SCHWIERIGKEIT Mittel
AUSSAAT Februar bis März (im Haus)
BODEN Nährstoffreich; durchlässig
STANDORT Sonnig; geschützt
KEIMDAUER 7–14 Tage
ANBAU Aus Samen ziehen oder Jungpflanzen setzen
ERNTEMENGE 5–10 Früchte pro Pflanze

ANBAUKALENDER

	WINTER	FRÜHLING	SOMMER	HERBST
AUSSAAT	▓			
ERNTE			▓	▓

Zeit von der Ernte bis zur Aussaat
4–5 Monate

SÄEN

Legen Sie im Vorfrühling pro Topf zwei Samen 5 mm tief in die Erde und bedecken diese mit Erde. Wässern Sie durchdringend. Stellen Sie die Töpfe bei etwa 20 °C in einem Zimmergewächshaus oder mit durchsichtiger Folie bedeckt auf ein Fensterbrett. Nach der Keimung sollten die Pflanzen bei 15 °C stehen. Sind sie etwa 5 cm groß, werden sie in 9-cm-Töpfe verpflanzt.

PFLEGEN

PFLANZEN Härten Sie die Sämlinge ab und pflanzen Sie sie nach den letzten Frösten ins Freie. Wärmen Sie die Erde vor dem Pflanzen unter einem Vlies vor.

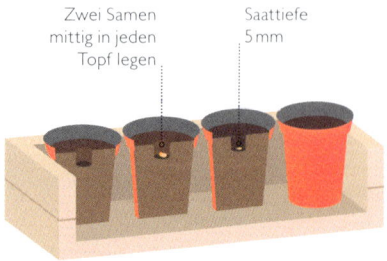

Zwei Samen mittig in jeden Topf legen
Saattiefe 5 mm

Setzen Sie die Pflanzen im Abstand von 45 cm (bei Zwergsorten 30 cm) an einen sonnigen, geschützten Platz. In Töpfen mit 20 cm Durchmesser können sie im Freien, in einem Gewächshaus oder an einem sonnigen Fenster gedeihen.

STÜTZEN UND ENTSPITZEN Auberginen brauchen eine Stütze. Sind sie 25 cm groß, entfernen Sie die Spitze des Haupttriebs, um die Seitentriebe zu fördern. Trägt die Pflanze fünf bis sechs Früchte, entfernen Sie weitere Blüten.

Binden Sie die buschigen Pflanzen an Stäben fest.

GIESSEN UND DÜNGEN Gießen Sie bei Wärme regelmäßig; im Topf ein- bis zweimal täglich. Tägliches Besprühen zu Blühbeginn fördert den Fruchtansatz. Tomaten-Flüssigdünger fördert die Fruchtbildung und -reife.

ERNTEN

Ab dem Spätsommer können Sie ernten. Schneiden Sie pralle glänzende Früchte mit der Gartenschere vom Stiel.

Auberginen im Freien müssen vor den ersten Frösten abgeerntet werden.

SORTEN

'MONEYMAKER' Für frühe Ernte im Freiland. Tropfenförmige, violette Früchte

'REDONDA' Frühe und ertragreiche Sorte mit sehr aromatischen Früchten. Kompakt wachsend und für Töpfe geeignet

PAPRIKAS UND CHILIS

SCHWIERIGKEIT	Mittel
AUSSAAT	Februar bis Anfang April (im Haus)
BODEN	Nährstoffreich; durchlässig
STANDORT	Sonnig; geschützt
KEIMDAUER	7–21 Tage
ANBAU	Aus Samen ziehen oder Jungpflanzen setzen
ERNTEMENGE	Je nach Sorte 5–50 Früchte pro Pflanze

Mit ihren knalligen Farben verhelfen Paprikas und Chilis dem Gemüsegarten zu bunter Pracht. Um im Freiland auszureifen, brauchen sie heiße Sommer. Im Gewächshaus gedeihen sie gut; klein bleibende Sorten sogar als Zimmerpflanze.

ANBAUKALENDER

	WINTER	FRÜHLING	SOMMER	HERBST
AUSSAAT		▓		
ERNTE			▓	▓

Zeit von der Aussaat bis zur Ernte
4–5 Monate

Die Ernte erfolgt durch Abschneiden der Stiele mit der Gartenschere.

SÄEN

Beginnen Sie im Winter oder Vorfrühling mit der Aussat. Säen Sie zwei Samen 5 mm tief in kleine Töpfe oder Multitopfplatten, bedecken Sie sie leicht mit Erde, gießen sie und lassen Sie sie bei 21 °C im beheizten Zimmergewächshaus oder auf einer Fensterbank keimen. Sind die Pflanzen etwa 5 cm groß, werden sie in 9-cm-Töpfe gepflanzt. Haben Sie keinen Platz für die Anzucht oder den Aussaattermin verpasst, kaufen Sie Jungpflanzen.

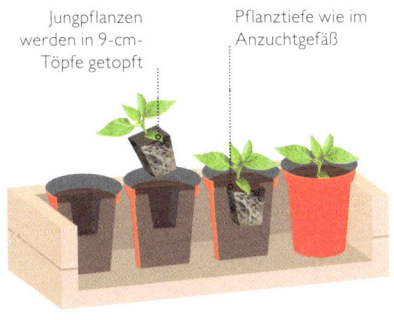

Jungpflanzen werden in 9-cm-Töpfe getopft

Pflanztiefe wie im Anzuchtgefäß

PFLEGEN

PFLANZEN Härten Sie die Pflanzen ab, bevor Sie sie im Frühsommer ins Freie setzen. Im Beet brauchen sie einen Abstand von 30–45 cm, sie gedeihen aber auch in Gefäßen. Drücken Sie die Erde an und gießen Sie kräftig. Pflanzenglocken schützen in kalten Nächten.

DÜNGEN UND GIESSEN Zu häufiges Gießen verwässert den Geschmack. Topfpflanzen, die schon Früchte tragen, bekommen alle zehn Tage einen Tomaten-Flüssigdünger; Pflanzen im Beet nur, wenn sie schlecht wachsen. Entfernen Sie die unterste Frucht, wachsen die Pflanzen buschiger. Besprühen Sie Pflanzen im Gewächshaus mit Wasser, das verringert den Schädlingsbefall.

ERNTEN

Paprikas und Chilis reifen langsam. Ernten Sie die ersten zwei, drei Früchte grün, um die Wartezeit zu verkürzen.

SORTEN

Die Vielfalt an Wuchsformen und Aromen ist riesig. Wählen Sie, was in Ihren Garten passt und Ihnen schmeckt.

'BASKET OF FIRE' Kompakte, nur 30 cm hohe Chilisorte mit kleinen, scharfen Früchten in Weiß, Gelb und Rot

'HUNGARIAN HOT WAX' Mittelscharfe Chili; hohe, elegante Pflanze

'KING OF THE NORTH' Große, kräftige Paprikasorte mit dickwandigen, süßen Früchten; für den Freilandanbau geeignet

'REDSKIN' Kompakte Paprikasorte für Töpfe und Ampeln

'PADRON' Reichtragende Paprikasorte mit kleinen Früchten; gut zum Grillen

ZUCKERMAIS

Frischer, saftiger Zuckermais ist der ultimative Geschmack des Spätsommers. Die schmalen Pflanzen brauchen einen offenen Boden, sind aber ein Hingucker im Staudenbeet oder ein schnell wachsender Sichtschutz auf kleiner Fläche. Sie können mit niedrigen Kulturen unterpflanzt werden.

SCHWIERIGKEIT Einfach
AUSSAAT April bis Mai (im Haus); Juni (im Freiland)
BODEN Nährstoffreich; feucht; durchlässig
STANDORT Vollsonnig; geschützt
KEIMDAUER 10–14 Tage
ANBAU Aus Samen ziehen oder Jungpflanzen setzen
ERNTEMENGE 1–2 Kolben pro Pflanze

ANBAUKALENDER

	WINTER	FRÜHLING	SOMMER	HERBST
AUSSAAT				
ERNTE				

Im Haus
Im Freiland

Zeit von der Aussaat bis zur Ernte
3–4 Monate

SÄEN

Alte Zuckermaissorten wachsen kräftig, verlieren ihre Süße aber schon kurz nach der Ernte. Alternativen sind die »extrasüßen« Sorten, die länger süß bleiben, während der Keimung aber mehr Feuchtigkeit und Wärme benötigen. Oder Sie wählen »Tendersweet«-Sorten, diese haben eine langanhaltende Süße und zarte Körner, brauchen für einen guten Ertrag aber Wärme.

IM HAUS Verschaffen Sie den wärmeliebenden Pflanzen durch die Aussaat im Erst- und Vollfrühling im Haus einen Vorsprung. Legen Sie die Körner einzeln 2,5 cm tief in kleine Töpfe, Multitopfplatten oder Papphröhren.

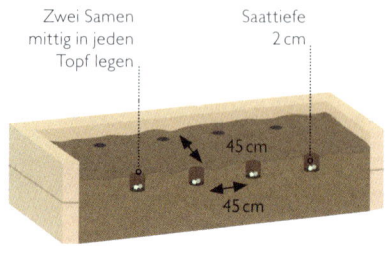

Zwei Samen mittig in jeden Topf legen
Saattiefe 2 cm
45 cm
45 cm

Bedecken Sie sie mit Erde, beschriften und wässern Sie und stellen Sie die Aussaat auf ein warmes Fensterbrett oder in ein beheizbares Zimmergewächshaus. Säen Sie in kühlen Regionen nicht zu früh, denn die Pflanzen sollten nicht zu lange im Topf stehen. Kaufen Sie Jungpflanzen, wenn Sie keinen Platz für die Anzucht haben.

Legen Sie die Zuckermaissamen einzeln in die Anzuchttöpfe.

IM BEET Halten Sie zwei Wochen lang die Wärme mit einem Vlies im Boden, bevor Sie im Frühsommer direkt säen. Bedecken Sie die Samen mit Erde und halten Sie die Aussaat feucht.

PFLEGEN

PFLANZEN Setzen Sie den Zuckermais nach den letzten Frösten nach draußen. Härten Sie die Pflanzen ab, indem Sie sie über zwei Wochen langsam an die Bedingungen im Freien gewöhnen. Geeignet ist ein sonniger, windgeschützter Platz. Setzen Sie die Pflanzen mit 45 cm Abstand voneinander. In Blöcken gepflanzt funktioniert die Windbestäubung besser als in langen Reihen und die Kolben werden größer. Wässern Sie nach dem Auspflanzen durchdringend.

Beschädigen Sie die Wurzeln nicht, wenn Sie den Zuckermais pflanzen.

SCHÜTZEN Schützen Sie Zuckermais in kühlen Regionen ein bis zwei Wochen nach dem Auspflanzen mit einem Vlies. Mäuse lieben Mais. Stellen Sie Fallen um Aussaaten und Pflanzen, die Kolben ansetzen, wo die Nager ein Problem werden könnten. Halten Sie Schnecken mit Barrieren fern (S. 38). Häufeln Sie die Erde um die Stängelbasis etwas an oder binden Sie die Pflanzen an Stäbe, um sie zu stützen.

GIESSEN Nur Pflanzen in sehr durchlässigen Böden müssen regelmäßig gegossen werden; während der Blüte profitieren jedoch alle von Wassergaben. Bedecken Sie den Boden rund um eingewachsene Pflanzen mit Kompost. So bleibt die Feuchtigkeit im Boden.

ERNTEN

Prüfen Sie, ob die Kolben reif sind, sobald die Narbenfäden braun werden. Ziehen Sie dafür die Hüllblätter auf und ritzen Sie ein Korn mit dem Fingernagel an.

Tritt ein milchiger Saft aus, kann der Kolben geerntet werden. Ist der Saft klar, braucht der Kolben noch etwas Zeit. Reife Kolben werden von der Pflanze gedreht und möglichst bald nach der Ernte zubereitet.

Gießen Sie Pflanzen, die blühen und Kolben ansetzen, an der Stängelbasis.

Süße Körner entwickeln sich nur nach erfolgreicher Befruchtung. Die männlichen Blüten an der Pflanzenspitze produzieren den Pollen.

SORTEN

Frühe Sorten reifen sehr viel früher als späte. Kombinieren Sie beide, können Sie über einen langen Zeitraum ernten. In kühleren Regionen sind frühe Sorten empfehlenswert.

'EARLIBIRD' Die früheste extrasüße Sorte; Ernte im Spätsommer
'GOLDEN BANTAM' Robuste und wüchsige Sorte mit aromatischen, aber nicht zu süßen Körnern
'TRAMUNT' Extrasüße, mittelspät reifende Sorte mit großen Kolben
'STOWELL'S EVERGREEN' Hochwachsende Sorte; cremeweiße, sehr süße Körner an großen Kolben

ZUM AUSPROBIEREN

Popcornmais ist bei Familien beliebt. Die Sorten werden wie Zuckermais angebaut, aber die Kolben werden erst geerntet, wenn sie trocken sind. Lassen Sie sie an der Pflanze, bis die Hüllblätter gelb und trocken werden, und ernten Sie die Kolben im Spätherbst. In kühlen, regenreichen Regionen (oder wenn Schädlinge Probleme machen) können reife Kolben im Frühherbst geerntet, geschält und an einem warmen Ort zum Trocknen aufgehängt oder auf einem sonnigen Fensterbrett ausgelegt werden. Sind die Körner vollständig getrocknet, werden sie in luftdichten Behältern gelagert.

Popcornmais gibt es mit dekorativen, roten Kolben.

ARTISCHOCKEN

Diese imposanten silberlaubigen Pflanzen passen in Staudenbeete ebenso wie in den Nutzgarten. Die schuppigen Blütenknospen sind eine Delikatesse. Sie können leicht aus Jungpflanzen oder Samen gezogen werden und lassen sich aus Ablegern vermehren.

SCHWIERIGKEIT Einfach
AUSSAAT Februar bis März (im Haus); April bis Mai (im Freiland)
BODEN Nährstoffreich; durchlässig
STANDORT Vollsonnig; geschützt
KEIMDAUER 14–21 Tage
ANBAU Aus Samen ziehen oder Jungpflanzen setzen
ERNTEMENGE 14–21 Knospen pro eingewachsener Pflanze

ANBAUKALENDER

	WINTER	FRÜHLING	SOMMER	HERBST
AUSSAAT				
ERNTE				

■ Im Haus
■ Im Freiland

Zeit von der Aussaat bis zur Ernte
6 Monate (Anzucht im Haus)

PFLEGEN

PFLANZEN Härten Sie Pflanzen, die im Haus vorgezogen oder gekauft wurden, ab, indem Sie sie nach und nach an die Bedingungen im Freien gewöhnen. Artischocken brauchen einen vollsonnigen Standort, der mit reifem Kompost oder Mist vorbereitet wurde. Sind keine Fröste mehr zu erwarten, pflanzen Sie die Artischocken mit 90–120 cm Abstand voneinander und so tief, wie sie im Topf standen.

GIESSEN UND DÜNGEN Gießen Sie die Pflanzen während ihres ersten Sommers regelmäßig. Sind sie eingewachsen, benötigen die Tiefwurzler kein zusätzliches Wasser. Arbeiten Sie im Frühling um die Pflanzenbasis reifen Kompost in den Boden ein. Das hält die Feuchtigkeit im Boden und düngt.

SÄEN

Die Aussaat klappt gut, aber die Pflanzen werden sehr unterschiedlich. Pflanzen Sie mehr als benötigt und kultivieren Sie nur die besten weiter.

IM HAUS Für eine Ernte im ersten Jahr müssen Artischocken spätestens im Vorfrühling vorgezogen werden. Füllen Sie Multitopfplatten mit Erde und legen Sie pro Topf einen Samen hinein. Oder füllen Sie eine Aussaatschale bis 2 cm unter den Rand mit Erde und verteilen Sie die Samen darauf. Die Samen 1 cm dick mit Erde bedecken und auf ein warmes, sonniges Fensterbrett stellen.

Ziehen Sie Artischocken in Schalen oder Multitopfplatten vor. Brauchen Sie nur wenige, kaufen Sie Jungpflanzen.

IM FREIEN Starten Sie mit der Aussaat im Erstfrühling, sobald der Boden sich erwärmt hat. Ziehen Sie Artischocken, die im Sommer umgepflanzt werden sollen, vor, indem Sie eine 1 cm tiefe Rille ins Saatbeet ziehen und die Samen darin dünn ausstreuen. Möchten Sie eine ganze Reihe Artischocken anbauen, legen Sie alle 90 cm drei Samen ab.

Kompostgaben halten den Boden auch im Sommer feucht.

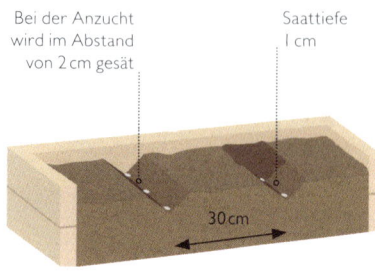

Bei der Anzucht wird im Abstand von 2 cm gesät
Saattiefe 1 cm
30 cm

SCHÜTZEN Entdecken Sie Blattläuse auf den Blütenköpfen, zerdrücken Sie diese. Artischocken sind mehrjährige Pflanzen. Extreme Winter können ihnen jedoch schaden. Schützen Sie sie mit Vlies, Stroh oder trockenem Laub.

Blattläuse kann man mit einem scharfen Wasserstrahl wegspülen.

VERMEHREN Nach 4–5 Jahren verlieren die Artischocken an Wuchskraft und sollten ersetzt werden. Glücklicherweise bildet jede Pflanze Ableger, die man mit einem scharfen Spaten abtrennen kann. Verpflanzen Sie nur Ableger mit vielen Wurzeln.

ERNTEN

Im ersten Jahr bilden Artischocken nur eine Knospe. Eingewachsene Pflanzen sollten im Hochsommer mehrere Knospen und im Frühherbst einen zweiten Schwung gebildet haben. Schneiden Sie die Stiele mit einem scharfen Messer oder einer Gartenschere ab, wenn die Knospe noch eng geschlossen ist und die Größe eines Golfballs hat; danach sind sie nicht mehr essbar.

Schneiden Sie etwa 5 mm Stiel mit ab, wenn Sie Artischocken ernten. Stiele von jungen Blüten sind essbar und erleichtern bei stacheligen Sorten die Ernte.

ZUM AUSPROBIEREN

Topinambur wird wegen seiner unterirdischen Sprossknollen angebaut. Er gedeiht auf fast jedem Standort und ist bestens geeignet für Gartenecken, in denen sonst nichts wächst. Topinambur wächst schnell und kann als Sicht- oder Windschutz dienen. Legen Sie die Knollen 15 cm tief und mit 30 cm Abstand in die Erde. In Trockenperioden gießen. Sind die Pflanzen etwa 2 m groß, werden die Blüten entfernt. Schneiden Sie die Triebe im Spätherbst ab und holen Sie die Knollen nach Bedarf aus dem Boden.

Graben Sie alle Sprossknollen aus, sonst breitet sich Topinambur stark aus.

SORTEN

Die Sortenvielfalt ist bei Artischocken nicht besonders groß. Die beste Auswahl haben Sie, wenn Sie Saatgut kaufen.

'GREEN GLOBE' Zuverlässige Sorte; wird oft als Saatgut oder Jungpflanze angeboten

'ROMANESCO' Italienische, eher späte Sorte mit hervorragendem Geschmack; besonders attraktive Blüten

'VIOLET DE PROVENCE' Französische, leuchtend violett blühende Sorte, die früh lila Knospen bildet

'VIOLETTA DI CHIOGGIA' Sorte mit violett überhauchten Hüllblättern, daher sehr dekorativ

ERSTE HILFE

Schlechte Wachstumsbedingungen führen eher zu Problemen als Schädlinge und Krankheiten. Ausreichend Wärme, Dünger und Wasser halten die Pflanzen gesund. Saugende Insekten treten meist im Gewächshaus auf; Pilzkrankheiten dagegen im Freiland in verregneten Sommern.

BLATTLÄUSE

SCHADBILD Braune Flecken und krüppeliger Wuchs; sichtbare Blattlauskolonien
URSACHE Verschiedene Blattlausarten: z. B. Grüne Blattlaus, Schwarze Bohnenlaus
ABHILFE Zerdrücken der Läuse ab dem ersten Befall; durch eine gezielte Pflanzenauswahl Nützlinge wie Marienkäfer und Schwebfliegen in den Garten locken

SPINNMILBEN

SCHADBILD Feine, helle Blattflecken an Pflanzen im Gewächshaus. Befallene Blätter vertrocknen und fallen ab
URSACHE Winzige, saugende, gelb-grüne Milben auf den Blattunterseiten
ABHILFE Besprühen der Pflanzen im Sommer, da Spinnmilben niedrige Luftfeuchtigkeit bevorzugen; biologische Schädlingskontrolle

MOTTENSCHILDLÄUSE

SCHADBILD Schwärme weißer Insekten steigen auf, wenn Pflanzen im Haus berührt werden; klebrige Blätter
URSACHE Insekten, auch Weiße Fliege genannt, die Honigtau ausscheiden
ABHILFE Gelbtafeln ins Gewächshaus hängen; Pflanzen mit biologischen Mitteln behandeln, die für den Gemüsebau im Hausgarten zugelassen sind

GRAUSCHIMMELFÄULE

SCHADBILD Hellgrauer Pilzrasen auf Blättern, Blüten oder Früchten, vor allem, wenn diese beschädigt sind. Befallenes Gewebe wird braun und fault
URSACHE Schadpilz: *Botrytis*
ABHILFE Beschädigte Pflanzenteile entfernen; Pflanzen nicht zu dicht setzen und im Haus lüften, da der Pilz sich bei hoher Luftfeuchtigkeit ausbreitet

ECHTER MEHLTAU

SCHADBILD Weißer, pelziger Belag auf Zucchini- und Gurkenblättern; tritt vor allem im Spätsommer auf
URSACHE Schadpilz
ABHILFE Befallene Blätter entfernen; Pflanzen gleichmäßig feucht und warm halten und den Boden mulchen; Pflanzen so setzen, dass die Luft zirkulieren kann; resistente Sorten wählen

KRAUT- UND BRAUNFÄULE

SCHADBILD Tomatenblätter werden braun und sterben ab; Früchte bekommen braune Flecken und faulen
URSACHE Pilzähnlicher Organismus, der auch Kartoffeln befällt
ABHILFE Befallene Pflanzen im Hausmüll entsorgen; Befallsrisiko senken durch Auswahl resistenter Sorten und Anbau der Pflanzen unter einem Dach

GEISTERFLECKEN

SCHADBILD Kleine runde helle Flecken auf reifenden Tomaten
URSACHE Beginnender Pilzbefall
ABHILFE Die Früchte sehen nicht perfekt aus, sind aber bedenkenlos essbar. Durch ausreichend Pflanzabstand für guten Luftaustausch sorgen; Gewächshaus lüften, um die Luftfeuchtigkeit zu senken und den Pilzbefall aufzuhalten

BLÜTENENDFÄULE

SCHADBILD Braune Flecken an der Blütenansatzstelle von Tomaten, Paprika und Auberginen
URSACHE Schlechte Kalziumversorgung der Früchte durch Trockenheit
ABHILFE Befallene Früchte entsorgen; Boden nie austrocknen lassen; Pflanzen in Töpfen im Sommer mindestens einmal täglich gießen

GURKENMOSAIK-VIRUS

SCHADBILD Blätter gelb gefleckt, Ränder gekräuselt sowie Krüppelwuchs bei Gurken, Kürbissen und Zucchini
URSACHE Verbreiteter Pflanzenvirus, wird meist von Blattläusen übertragen
ABHILFE Befallene Pflanzen entsorgen; Garten unkrautfrei halten; Blattläuse gründlich bekämpfen; auf resistente Sorten zurückgreifen

PLATZENDE FRÜCHTE

SCHADBILD Haut von reifenden Tomaten platzt oder reißt
URSACHE Schwankungen der Temperatur oder der Wasserversorgung
ABHILFE Regelmäßiges Gießen, um den Boden durchgehend feucht zu halten; Temperaturführung durch Schließen der Gewächshauslüftung in der Nacht; Früchte ernten, sobald sie reif sind

Frisch gezogene Möhren sind knackig und süß im Geschmack. Wer mit dem Gärtnern beginnt, ist von diesem sommerlichen Erntehighlight oft überrascht.

WURZELN UND KNOLLEN

Die hier vorgestellten Gemüse sind lecker und bieten tolle Geschmackserlebnisse von süß über erdig bis hin zu scharf. Sie sind unverzichtbar für Suppen und Eintöpfe, aber auch tolle Farbkleckse in sommerlichen Salaten.

DAS GANZE JAHR ERNTEN

Das Vorkeimen der Saatkartoffeln am Winterende markiert den Beginn der neuen Gartensaison. Kurz nach den ersten Radieschen sind im Vollfrühling und Frühsommer junge Rote Bete, Rübchen, Kohlrabi und Möhren erntereif. Auch die ersten Frühkartoffeln können aus dem Boden geholt werden. Voll ausgereift sind Wurzeln und Knollen im Sommer und Herbst. Zum Lagern ist ein kühler, frostfreier Ort ideal. Im Winter haben Pastinaken Saison. Sie können bis zur Ernte im Beet bleiben. Frost schadet ihnen nicht, sondern macht sie süßer.

WIE VIEL PLATZ?

Wurzeln und Knollen brauchen Platz. In kleinen Gärten können sie aber in Töpfen angebaut werden. Kartoffeln und Pastinaken brauchen sehr große Gefäße. Radieschen, Rübchen und Kohlrabi sind gute Zwischenfrüchte (S. 23). Pflanzen Sie sie zu langsam wachsenden Arten, können Sie schon nach sechs Wochen etwas vom Beet ernten. Säen Sie Rote Bete und Möhren in Sätzen, um einige schon jung zu ernten. Frühkartoffeln brauchen viel Platz. Nach der Ernte kann das Beet jedoch wieder mit Folgekulturen für die Herbst- und Winterernte gefüllt werden.

WAS SIE BENÖTIGEN

Ein erfolgreicher Anbau von Wurzel- und Knollengemüse funktioniert nur auf dem passenden Boden. Er sollte gut durchlässig sein, denn Staunässe beeinträchtigt das Wachstum und fördert Fäulnis. Eine gleichmäßige Wasserversorgung während der Wachstumsphase wirkt sich positiv aus und nur auf nährstoffreichen Böden wird ein guter Ertrag erreicht. Wird jedes Jahr, vorzugsweise im Herbst, organisches Material in den Boden eingearbeitet, kann Wasser besser ablaufen und gespeichert werden. Zudem wird die Bodenfruchtbarkeit erhöht, was wiederum zu höheren Erträgen führt. Wurzel- und Knollengemüse in guten Böden muss nur in heißen Sommern gewässert werden oder in der Phase, in der die Speicherorgane dicker werden. Gießen Sie aber nicht zu viel, da sie sonst platzen.

MÖHREN

Frisch geerntete Möhren haben einen aromatischen, erdigen Geschmack, der mit dem von gekauften nicht vergleichbar ist. Der Anbau macht Spaß, weil die Sortenvielfalt an unterschiedlichen Formen und Farben groß ist. Wegen der Möhrenfliege müssen Sie jedoch immer wachsam sein.

SCHWIERIGKEIT Einfach bis mittel
AUSSAAT März bis Juli
BODEN Leicht; tiefgründig; durchlässig; ohne Steine
STANDORT Offen; vollsonnig
KEIMDAUER 10–21 Tage
ANBAU Aus Samen
ERNTEMENGE 3–5 kg pro 2 m Reihe

ANBAUKALENDER

	WINTER	FRÜHLING	SOMMER	HERBST
AUSSAAT				
ERNTE				

Zeit von der Aussaat bis zur Ernte
12–18 Wochen

Mit geeigneter Erde können Möhren auch in Pflanztaschen angebaut werden. Diese sollten mindestens 45 cm hoch sein.

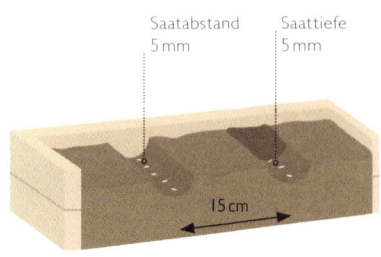

Saatabstand 5 mm
Saattiefe 5 mm
15 cm

SÄEN

Säen Sie Möhren erst, wenn die Frühjahrssonne den Boden erwärmt hat. Für eine gleichmäßige Keimung ist ein leichter Sandboden ideal, der mit der Harke eingeebnet und von Klumpen befreit wird. Bei lehmigem Boden sind Hochbeete oder Gefäße besser geeignet.

Ziehen Sie 0,5 cm tiefe Rillen im Abstand von 15 cm, indem Sie einen Stock auf das Beet legen und leicht in die Erde drücken. Streuen Sie den feinen Samen nur dünn in die Rillen. So muss später nicht ausgedünnt werden. Bedecken Sie die Samen mit Erde und gießen Sie die Saatreihen mit einer Kanne mit Brause.

Durch das Aussäen in Sätzen im Frühjahr und Sommer können Sie ab dem Sommer bis in den Herbst hinein laufend ernten. Wählen Sie frühe Sorten, um schnell junge Möhren ernten zu können.

PFLEGEN

JÄTEN Die zarten Möhrenkeimlinge vertragen Konkurrenz nicht gut. Halten Sie den Boden um die Aussaaten also akribisch von Unkraut frei.

AUSDÜNNEN Werden die Keimlinge größer, dünnen Sie sie nach und nach auf einen Abstand von etwa 5 cm aus.

Durch das Ausdünnen haben die verbleibenden Möhren mehr Platz.

Ziehen Sie die überschüssigen Keimlinge vorsichtig aus dem Boden. Sie müssen sie nicht wegwerfen, sondern können sie für Salate oder als Suppeneinlage nutzen.

SCHÜTZEN Schnecken können durch Barrieren oder Fallen ferngehalten werden (S. 38), das größere Problem ist aber die Möhrenfliege. Kombinieren Sie mehrere Maßnahmen, um die Pflanzen vor dem Schädling zu schützen.
- Wählen Sie resistente Sorten, aber vertrauen Sie nicht nur darauf.
- Decken Sie die Reihen mit Gemüsenetzen oder Vlies ab, um die eierlegenden, adulten Tiere fernzuhalten.
- Die Fliegen können nicht hoch fliegen. Bauen Sie senkrechte, mindestens 60 cm hohe Barrieren aus Gemüsenetzen um die Beete.
- Bauen Sie Möhren in Töpfen an und stellen diese mindestens 60 cm über dem Boden auf.
- Bauen Sie Möhren neben Zwiebeln, Schnittlauch oder Porree an. Ihr Duft verwirrt die Fliegen.
- Bauen Sie Möhren jedes Jahr auf einem anderen Beet an, denn die Fliegen überwintern im Boden.

GIESSEN Im Beet brauchen Möhren kaum gegossen zu werden. In Töpfen sollten sie immer feucht gehalten werden, damit die Wurzeln gleichmäßig dicker werden und nicht platzen. Das passiert, wenn die Möhren nach starker Trockenheit kräftig gegossen werden.

Ein Zaun aus Netzen hält die Möhrenfliege fern und sie kann keine Eier ablegen.

ERNTEN

Es ist nicht leicht, einzuschätzen, wann Möhren geerntet werden können, denn sie stecken oft vollständig in der Erde. Bei Frühmöhren wird meist etwa zwei Monate nach der Aussaat mit der Ernte begonnen. Ertasten Sie die Größe der Wurzeln und ziehen Sie passende mit einem Ruck am Laub aus dem Boden. Größere Exemplare lockert man erst mit der Grabegabel. Möhren halten sich im Beet gut, sollten aber vor den ersten harten Frösten geerntet werden.

Nach der Ernte können Sie das Laub abdrehen und die Wurzeln zur Lagerung in Kisten mit feuchtem Sand kühl und dunkel aufstellen.

SORTEN

Frühe Möhrensorten wachsen schneller, bilden aber eher kleine Wurzeln, die nicht gut lagerfähig sind. Spätere Sorten brauchen länger bis zur Ernte, werden aber größer und sind gut lagerfähig.

'AMSTERDAM 2' Eine bewährte Frühmöhre; bildet recht schnell lange Wurzeln mit süßem Geschmack

'FLYAWAY' Aromatische Frühmöhre; tolerant gegen Möhrenfliege

'PARISER MARKT' Kurze, runde Wurzeln, die nicht platzen; ideale Frühsorte für den Anbau in Töpfen

'RAINBOW MIX' Bunte Mischung aus weißen, gelben und violetten Sorten; bietet eine Ernte mit Überraschungseffekt

'RODELIKA' Gut lagerfähige mittelfrühe Sorte; auch für schwere Böden geeignet

ROTE BETE

Die Rüben mit dem süßlich-erdigen Geschmack gedeihen im Beet und in tiefen Töpfen. Ihr dunkles Laub sieht zwischen Sommerblumen schön aus. Es gibt rote, gelbe und geringelte Sorten. Die bunten Farben bereichern Salate, Ofengerichte und essigsauer eingelegtes Gemüse.

SCHWIERIGKEIT Einfach
AUSSAAT März bis Juli
BODEN Nährstoffreich; durchlässig
STANDORT Vollsonnig; halbschattig
KEIMDAUER 10–14 Tage
ANBAU Aus Samen
ERNTEMENGE 2,5 kg pro 2 m Reihe

ANBAUKALENDER

	WINTER	FRÜHLING	SOMMER	HERBST
AUSSAAT				
ERNTE				

Zeit von der Aussaat bis zur Ernte
9–12 Wochen

Beim Ernten werden die Rüben an den Blattstielen aus dem Boden gezogen.

SÄEN

Rote Bete kann ab dem Vorfrühling bis zum Hochsommer in Sätzen direkt gesät werden. Damit frühe Aussaaten nicht schießen, ziehen Sie Rote Bete im Haus vor, wählen Sie Sorten, die nicht zum Schießen neigen, oder schützen Sie die jungen Pflanzen mit Vlies oder Pflanzglocken.

Ziehen Sie eine 2 cm tiefe Rille in das Beet und legen Sie die Samen im Abstand von 2 cm darin ab (Reihenabstand 20 cm). Bedecken Sie die Samen mit Erde, markieren und gießen Sie sie. In Töpfen wird genauso tief gesät. Der Saatabstand beträgt dann 5 cm. Oder säen Sie einzelne Samen in Multitopfplatten.

Gießen Sie Rote Bete während des gesamten Wachstums. Ein gleichmäßig feuchter Boden sorgt für dicke Rüben.

PFLEGEN

Aus jedem »Samenkorn« wachsen mehrere Keimlinge. Knipsen Sie schwache ab, sodass die Keimlinge im Abstand von 7,5–10 cm stehen. Härten Sie vorgezogene Pflanzen ab und setzen Sie sie im selben Abstand ins Beet (Reihenabstand 20 cm). Jäten Sie die Reihen regelmäßig und halten Sie den Boden feucht. Schützen Sie die Rote Bete mit Fallen und Barrieren vor Schnecken.

ERNTEN

Rote Bete ist erntereif, sobald die Rüben einen Durchmesser von etwa fünf Zentimetern haben. Auch die Blätter und Blattstiele sind schmackhaft. Ernten Sie erst nur jede zweite Rote Bete, dann können die verbliebenen Rüben noch dicker werden. Sie können sie frostfrei in Kisten mit Sand lagern.

SORTEN

Peppen Sie Salate mit intensiv gefärbten Rüben auf. Nutzen Sie für frühe Aussaaten schossfeste Sorten.

'BOLTARDY' Dunkelrote, schossfeste Sorte; Aussaat im Frühling und Sommer
'CHIOGGIA' Pink und weiß gestreifte Rüben; spektakuläre Zutat für Salate
'PABLO' Sorte mit gleichmäßigen, kugelförmigen Rüben und attraktivem Laub

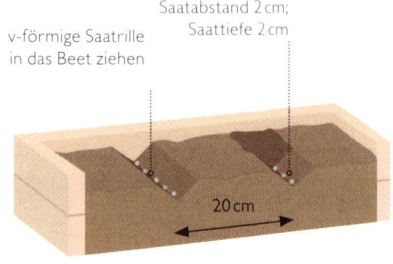

v-förmige Saatrille in das Beet ziehen
Saatabstand 2 cm; Saattiefe 2 cm
20 cm

RADIESCHEN

Als ultimatives »Fast Food« können Radieschen schon vier Wochen nach der Aussaat geerntet werden. Sie sind somit ideal für den Anbau zwischen langsamer wachsenden Kulturen, wenn nur wenig Platz zur Verfügung steht. Wichtig ist ein feuchter Boden, sonst werden Radieschen sehr scharf.

SCHWIERIGKEIT Einfach
AUSSAAT März bis August
BODEN Feucht; durchlässig
STANDORT Vollsonnig; halbschattig
KEIMDAUER 3–7 Tage
ANBAU Aus Samen
ERNTEMENGE 30 Radieschen pro 1 m Reihe

ANBAUKALENDER

	WINTER	FRÜHLING	SOMMER	HERBST
ERNTE			▓▓▓	
AUSSAAT		▓▓	▓▓▓	

Zeit von der Aussaat bis zur Ernte
4–6 Wochen

ERNTEN

Radieschen werden an den Blättern aus dem Boden gezogen, sobald sie gut murmelgroß sind. Ernten Sie sie möglichst zeitig, denn Radieschen neigen zum Schießen und werden schnell holzig. Radieschen sind ein leckerer Snack und ein schöner Farbtupfer für Salate.

SÄEN

Radieschen wachsen schnell. Damit nicht zu viele gleichzeitig fertig sind, ist die Aussaat kleiner Mengen alle 2–3 Wochen vom Vorfrühling bis zum Spätsommer empfehlenswert. Harken Sie die Fläche, entfernen Sie Erdklumpen und Steine und formen Sie eine 1 cm tiefe Rille. Säen Sie die Samen mit 2,5 cm Abstand hinein (Reihenabstand 15 cm). Nun werden die Samen mit Erde bedeckt und gegossen.

Sommeraussaaten sollten im Halbschatten gemacht werden. So kann frühzeitiges Blühen (Schießen) vermieden werden. Radieschen im Topf werden mit 2,5 cm Abstand gesät.

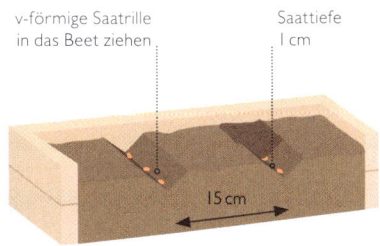

v-förmige Saatrille in das Beet ziehen
Saattiefe 1 cm
15 cm

Das Ausdünnen der Keimlinge sorgt dafür, dass die verbleibenden Pflanzen pralle und saftige Knollen bilden.

PFLEGEN

Die Keimlinge wachsen sehr schnell und müssen recht früh auf 2,5 cm Abstand ausgedünnt werden, damit sie sich nicht gegenseitig berühren. Gießen Sie Radieschen im Beet in Trockenperioden wöchentlich durchdringend; Radieschen im Topf täglich. Das verhindert das Schießen und sorgt für saftige Knollen. Bodenmulch schützt vor Erdflöhen.

Alte Sorten haben rote, längliche Knollen und schmecken scharf.

SORTEN

Es gibt längliche und kugelrunde, rote, violette und weiße Sorten.

'AMETHYST' Runde Sorte mit tief violetter Schale und weißem Fruchtfleisch
'CHERRY BELLE' Verlässliche Sorte mit roten, kugelförmigen Knollen
'SPARKLER' Leicht anzubauen; kugelige Knolle; halb weiß, halb rot

MAIRÜBEN

Mairüben (Navetten) sind eine vielseitige, schnell wachsende Kultur. Der Anbau ist einfach und funktioniert gut zwischen langsameren Gemüsearten. Durch eine Aussaat verschiedener Sorten in mehreren Sätzen kann das ganze Jahr geerntet werden, mal als Rübchen, mal als Rübstiel.

SCHWIERIGKEIT Einfach
AUSSAAT April bis Juli (frühe Sorten); Juli (späte Sorten); August bis September (Rübstiel)
BODEN Nährstoffreich; durchlässig; feucht
STANDORT Vollsonnig; halbschattig
KEIMDAUER 4–7 Tage
ANBAU Aus Samen
ERNTEMENGE 1,5 kg pro 2 m Reihe

ANBAUKALENDER

	WINTER	FRÜHLING	SOMMER	HERBST
AUSSAAT				
ERNTE				

▒ Frühe Sorten
▓ Späte Sorten
|||||| Als Rübstiel

Zeit von der Aussaat bis zur Ernte
6–12 Wochen

Das Laub der Mairüben ist vitaminreich und schmeckt wie Blattsenf.

SÄEN

Mairüben werden direkt ins Beet oder in Töpfen gesät. Säen Sie den ersten Satz, wenn sich der Boden im Erstfrühling erwärmt hat. Zu früh gesäte Sätze neigen zum Schießen.

Frühe Sorten werden vom Erstfrühling bis Hochsommer alle 3–4 Wochen ausgesät. Die Reihen sollten 1 cm tief und im Abstand von 23 cm angelegt werden. Spätere Sorten werden im Hochsommer genauso tief, aber mit einem Reihenabstand von 30 cm gesät. Die würzigen Blattstiele der Mairüben werden als Rübstiel geerntet. Für die Blatternte im Frühjahr wird im Spätsommer oder Frühherbst mit einem Reihenabstand von 15 cm gesät.

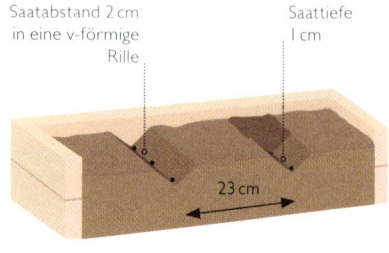

Saatabstand 2 cm in eine v-förmige Rille
Saattiefe 1 cm
23 cm

Gießen Sie regelmäßig, sonst werden die Rüben bitter und holzig.

PFLEGEN

Dünnen Sie frühe Mairübensorten in einem frühen Stadium auf 10 cm, späte auf 15 cm Abstand aus. So können sich die Rübchen gut entwickeln.

Jäten Sie die Reihen regelmäßig und halten Sie im Sommer die Erde durch wöchentliches Gießen gleichmäßig feucht. Schützen Sie junge Pflanzen mit Mulch vor Erdflöhen. Sie schädigen die Blätter.

ERNTEN

Ernten Sie frühe Sorten sechs Wochen nach der Aussaat, wenn sie die Größe eines Golfballs haben. Späte Sorten können länger auf dem Beet bleiben, ohne holzig zu werden, und sind winterhart. Rübstiel wird geschnitten, wenn er 15 cm hoch ist.

SORTEN

Frühe Sorten ergeben eine schnelle Sommerernte. Späte Sorten werden im Winter als Rübchen im Frühjahr als Rübstiel geerntet.

'GOLDEN BALL' Winterharte, späte Sorte mit runden, gelbfleischigen Rüben
'PURPLE TOP MILAN' Schnell wachsende Sorte; schmeckt klein am besten
'SNOWBALL' Ertragreiche Sorte mit kugeligen, weißen Rüben

PASTINAKEN

Pastinaken haben eine lange Anbauzeit, aber sie lohnt sich, denn als Gärtner kommen Sie im Herbst und Winter in den Genuss der aromatischen, frisch geernteten Wurzeln. Pastinaken sind anspruchslos und können auch ausgereift im Boden bleiben – eine ideale Anfänger-Kultur.

SCHWIERIGKEIT Einfach bis mittel
AUSSAAT März bis Mai
BODEN Tiefgründig; durchlässig
STANDORT Vollsonnig
KEIMDAUER 14–21 Tage
ANBAU Aus Samen
ERNTEMENGE 4 kg pro 2 m Reihe

ANBAUKALENDER

	WINTER	FRÜHLING	SOMMER	HERBST
AUSSAAT				
ERNTE				

Zeit von der Aussaat bis zur Ernte
5 Monate

ERNTEN

Pastinaken können mit einer Grabegabel aus dem Boden geholt werden, wenn das Laub abknickt. Da Frost ihren Geschmack intensiver macht, werden sie jedoch oft länger im Beet gelassen. Markieren Sie die Reihen, dann finden Sie die Pastinaken auch ohne Laub.

SÄEN

Verwenden Sie jedes Jahr frisches Saatgut. Säen Sie es direkt ins Beet, nachdem der Boden sich im Frühjahr erwärmt hat. In kühleren Regionen halten Sie die Wärme vorher mit Vlies oder Pflanzenglocken im Boden.

Bereiten Sie mit der Harke ein feinkrümeliges Saatbett und drücken Sie eine 1 cm tiefe Rille hinein. Legen Sie je drei Samen im Abstand von 15 cm in die Rillen (Reihenabstand 30 cm). Bedecken Sie die Samen mit Erde, markieren Sie die Reihen und gießen Sie durchdringend. Um die Fläche optimal zu nutzen, säen Sie schnell wachsende Radieschen zwischen die Pastinaken.

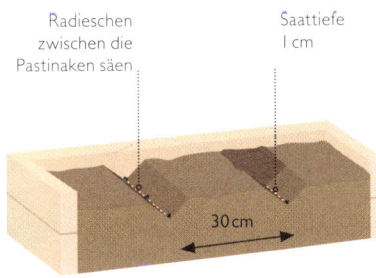

Radieschen zwischen die Pastinaken säen
Saattiefe 1 cm
30 cm

Jäten Sie mit der Hand. Das schont die Pastinakenwurzeln.

PFLEGEN

Dünnen Sie Pastinaken durch Abknipsen oder Herausziehen auf eine Pflanze pro Platz aus. Ein Netz hält die Möhrenfliege fern. Jäten Sie regelmäßig, vor allem solange die Pflanzen jung sind. Gehen Sie dabei vorsichtig vor, um die Wurzeln nicht zu verletzen. Ernten Sie die Radieschen, sobald sie reif sind, so bekommen die Pastinaken mehr Platz. Nur in langen heißen und trockenen Perioden muss gegossen werden.

Pastinaken können im Boden bleiben und werden nach Bedarf geerntet.

SORTEN

Die Sorten schmecken alle ähnlich, haben aber unterschiedliche Formen. Wählen Sie resistente Sorten.

'GLADIATOR' Gesunde, dünnschalige Sorte mit süßem Geschmack
'JAVELIN' Ertragreich und zuverlässig; kann lange im Boden bleiben
'TENDER AND TRUE' Widerstandsfähige Sorte mit langen, geraden Wurzeln

KARTOFFELN

Der milde Geschmack selbst gezogener Kartoffeln übertrifft den von gekauften um Längen und das Ausgraben der Kostbarkeiten ist ein Höhepunkt in der Gemüsesaison. Der Anbau aus Pflanzkartoffeln gelingt so leicht, dass es erstaunlich ist, dass nicht jeder Gemüsegärtner das macht.

SCHWIERIGKEIT Einfach
AUSSAAT März bis April (frühe Sorten); April bis Mai (späte Sorten)
BODEN Nährstoffreich; durchlässig
STANDORT Vollsonnig
KEIMDAUER 14–21 Tage
ANBAU Aus Saatkartoffeln
ERNTEMENGE 3–5 kg pro 2 m Reihe

ANBAUKALENDER

	WINTER	FRÜHLING	SOMMER	HERBST
AUSSAAT		■■		
ERNTE			■■	■■

■ Frühe Sorten
■ Späte Sorten

Zeit von der Aussaat bis zur Ernte
3–5 Monate

VOR DEM PFLANZEN

Kartoffeln werden aus speziell gezüchteten, auf Gesundheit geprüften Knollen, den sogenannten Pflanzkartoffeln gezogen. Sie sind im Gartenfachhandel erhältlich. Für zwei 2 m lange Reihen wird 1 kg Pflanzkartoffeln benötigt. Beginnen Sie etwa vier Wochen vor dem Pflanzen mit dem Vorkeimen der Saatkartoffeln. Damit wird die Keimruhe der Knospen (bei Kartoffeln Augen genannt) gebrochen und das Triebwachstum angeregt. Für das Vorkeimen werden die Saatkartoffeln so in Eierkartons oder Saatschalen gelegt, dass das Ende mit den meisten Augen nach oben zeigt. Stellen Sie die Pflanzkartoffeln in einen kühlen, hellen Raum. Sie bilden dicke, dunkle Triebe. Das Vorkeimen ist bei frühen Sorten wichtiger als bei späten.

Nach etwa zwei Wochen des Vorkeimens wachsen die dunklen Triebe.

FRÜH ODER SPÄT?

Frühe Kartoffelsorten bilden schneller Knollen und wachsen kompakter als späte, bringen aber weniger Ertrag. Sie sind daher gut für kleine Gärten geeignet. Man unterteilt sie in frühe (die schnellsten) und mittelfrühe Sorten. Späte Kartoffelsorten bilden größere Mengen an Knollen, die gut lagerfähig sind. Allerdings werden die Pflanzen im Spätsommer häufiger von der Braunfäule befallen, einem Pilz, der die Pflanzen schädigt.

PFLANZEN

Kartoffeln vertragen keinen Frost. Achten Sie daher gut auf das Wetter und pflanzen Sie erst, wenn der Boden sich erwärmt hat. Bedecken Sie in kühlen Regionen die Beete zwei Wochen vor dem Pflanzen mit Vlies und lassen Sie die Pflanzkartoffeln lieber ein bis zwei Wochen länger vorkeimen, als sie in kalten und nassen Boden zu legen. Ideal ist ein sonniger Standort, auf dem im Herbst Kompost ausgebracht wurde. Frühe Sorten werden von Vor- bis Erstfrühling gepflanzt, späte von Erst- bis Vollfrühling.

ANBAUPLAN FÜR KARTOFFELN

	FRÜHE SORTEN	SPÄTE SORTEN
Zeit bis zur Ernte	75–110 Tage	135–160 Tage
Pflanzabstand	30 cm	38 cm
Reihenabstand	50 cm	75 cm
Erntemenge	3 kg pro 2 m Reihe	5 kg pro 2 m Reihe

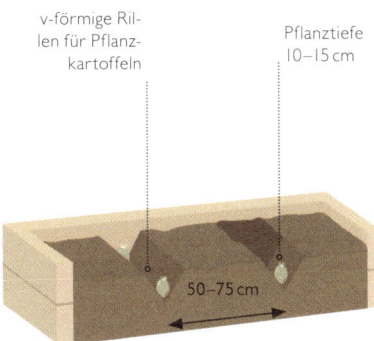

v-förmige Rillen für Pflanzkartoffeln

Pflanztiefe 10–15 cm

50–75 cm

AUF DEM BEET Ziehen Sie mit einem Spaten oder einer Hacke eine 10–15 cm tiefe Furche. Oder graben Sie pro Pflanzkartoffel ein ebenso tiefes Loch. Bei frühen Sorten ist der Pflanzabstand 30 cm, der Reihenabstand 50 cm. Späte Sorten werden mit 38 cm Abstand in der Reihe und 75 cm zwischen den Reihen gepflanzt. Setzen Sie die Kartoffeln mit den Trieben nach oben hinein und bedecken Sie sie, ohne die Triebe zu beschädigen, vorsichtig mit Erde.

IN TÖPFEN Für frühe Sorten sollten die Pflanzgefäße mindestens 30 cm breit und tief sein. Auch stabile Säcke, die als Pflanztaschen oder -säcke angeboten werden, sind geeignet. Sie sind praktisch, um frühe Sorten im Gewächshaus anzubauen. Achten Sie darauf, dass Abzugslöcher vorhanden sind. Füllen Sie das Pflanzgefäß 10 cm hoch mit Erde, legen Sie eine Pflanzkartoffel darauf (bei größeren Gefäßen mehr) und bedecken Sie sie mit einer 10 cm dicken Schicht Erde.

Entfernen Sie beim Legen alle Triebe bis auf drei bis vier starke. Sonst wachsen viele, aber kleine Kartoffeln.

Ein Pflanzgefäß in der Größe eines Abfalleimers bietet Platz für vier bis fünf Pflanzkartoffeln.

PFLEGEN

SCHÜTZEN Junge Blätter sind besonders frostempfindlich. Schützen Sie frische Triebe in kalten Nächten mit Vlies, Pflanzglocken oder Zeitungspapier.

ANHÄUFELN Sind die Pflanzen 15–20 cm groß, häufeln Sie mit einem Spaten oder einer Hacke die Erde rund um die Pflanzen an. Nur die obersten Blätter sollten noch zu sehen sein. Das Anhäufeln schützt die Pflanzen vor Frost, außerdem sind die Knollen, die weiter oben liegen, vor Sonnenlicht geschützt, was sie grün und giftig machen würde. Das Anhäufeln schützt die Pflanzen außerdem vor der Braunfäule. Häufeln Sie Kartoffeln in mehreren Schritten an, bis der Damm etwa 30 cm hoch ist. Pflanzen in Töpfen sollten immer wieder mit einer etwa 10 cm dicken Erdschicht bedeckt werden. Wiederholen Sie dies, bis der Topf fast bis zum Rand gefüllt ist.

GIESSEN Für einen guten Ertrag brauchen Kartoffelpflanzen viel Wasser. Im Beet müssen sie jedoch nur in Trockenperioden zusätzlich gegossen werden. Sobald das Laub vollständig ausgebildet ist, beginnen die Knollen mit dem Dickenwachstum. Dann sind jedoch reichliche Wassergaben für einen guten Ertrag wichtig. Pflanzen im Topf müssen in Hitzeperioden täglich gegossen werden. Prüfen Sie aber immer, ob die Erde nicht zu feucht ist. Dann würden die Knollen faulen.

Beim Anhäufeln wird die Erde von beiden Seiten an die Pflanzen gezogen.

ERNTEN

Frühe Sorten können ab dem Frühsommer geerntet werden, wenn das Kraut welkt. Schieben Sie dafür mit der Hand etwas Erde von den Pflanzen weg und holen Sie dann mit der Grabegabel so viele Knollen aus dem Boden, wie Sie benötigen. Späte Sorten werden ab dem Spätsommer genauso geerntet. Sollen die Kartoffeln gelagert werden, ist es jedoch besser, sie bis zum Frühherbst im Boden zu lassen. Achten Sie im Spätsommer auf die ersten Anzeichen der Braunfäule und entfernen Sie befallene Blätter sofort, damit der Pilz nicht auf die Knollen übergeht. Entfernen Sie die Triebe der Pflanzen, sobald sie gelb werden, und holen Sie die Knollen etwa zehn Tage später aus dem Boden. Lassen Sie sie einige Stunden auf dem Beet trocknen, bevor Sie sie in Papiersäcken kühl und dunkel lagern.

Lassen Sie die Kartoffeln auf dem Beet trocknen, bevor Sie sie einlagern.

ZUM AUSPROBIEREN

Um spät im Jahr noch Frühkartoffeln ernten zu können, lagern Sie einige Pflanzkartoffeln kühl, sodass sie in der Keimruhe bleiben. Pflanzen Sie diese im Hochsommer ins Beet oder in Töpfe. Das Vorkeimen ist hier nicht notwendig. Die Pflanzen werden wie frühe Sorten gepflegt. Bei einem so späten Anbau können Braunfäule und die ersten Fröste für Probleme sorgen. Schützen Sie die Pflanzen mit Vlies oder stellen Sie die Töpfe ans oder ins Haus. Im Oktober können diese »Winterkartoffeln« geerntet werden. Stellen Sie die Kartoffelpflanzen in Töpfen an einen kühlen und frostfreien Platz. Auf diese Weise können Sie zu Weihnachten neue Kartoffeln ernten und genießen.

Neue Kartoffeln können bis zum Winter in Töpfen gezogen werden.

SORTEN

Möchten Sie feste Salatkartoffeln oder mehlige Kartoffeln ernten? Achten Sie bei der Sortenwahl außerdem auf Erntezeit und Widerstandsfähigkeit.

'CHARLOTTE' Mittelfrühe, festkochende Sorte mit festem, hellen Fleisch und gutem Geschmack; schorfresistent

'NICOLA' Bekannte und beliebte Sorte; ertragreich und festkochend; gelbes Fleisch

'ROSA TANNENZAPFEN' Sorte mit rötlicher Schale und länglichen, knotigen Knollen; nussiger Geschmack; ideal zum Kochen oder Braten

'SARPO MIRA' Späte Sorte; sehr gute Braunfäuleresistenz; guter Ertrag an mehligen Kartoffeln mit rötlicher Schale; lagerfähig

'VIOLETTA' Mittelfrühe Sorte mit länglichen Knollen; Schale und Fleisch sind violett gefärbt

KOHLRABI

Kohlrabi bilden eine knackige Sprossknolle mit mildem Kohlgeschmack. Sie schmecken roh und geraspelt in Salaten oder leicht angedünstet. Der Anbau ist einfach, denn die Pflanzen sind nicht sehr anspruchsvoll. Eine ideale Gemüsekultur für neue Gärten, in Töpfen und für die Mischkultur.

SCHWIERIGKEIT Einfach
AUSSAAT Februar (im Haus); März bis August (im Freiland)
BODEN Nährstoffreich; leicht; durchlässig
STANDORT Vollsonnig
KEIMDAUER 5–10 Tage
ANBAU Aus Samen ziehen oder Jungpflanzen setzen
ERNTEMENGE 18 Knollen pro 2 m Reihe

ANBAUKALENDER

	WINTER	FRÜHLING	SOMMER	HERBST
AUSSAAT				
ERNTE				

Im Haus
Im Freiland

Zeit von der Aussaat bis zur Ernte
9–12 Wochen

ERNTEN

Ernten Sie die Kohlrabi, sobald sie etwa 5–7 cm groß sind. Kleine Knollen schmecken am besten. Sie sind knackig und zart. Kohlrabi werden jedoch schnell holzig, wenn man sie größer als einen Tennisball werden lässt. Die Blätter können wie Spinat zubereitet werden.

SÄEN

Säen Sie im Frühling in den warmen Boden, denn bei Kälte ausgesät neigen Kohlrabi zum Schießen. Die ersten Sätze im Frühjahr werden in Multitopfplatten vorgezogen und ins Beet gesetzt, sobald es milder wird.

Legen Sie je einen Samen 1 cm tief in mit Erde gefüllte Anzuchttöpfe. Gießen Sie sie an, beschriften Sie die Sorten und stellen Sie die Platten auf ein warmes Fensterbrett. Ab dem Vorfrühling bis in den Spätsommer können Kohlrabi direkt ins Beet gesät werden. Legen Sie die Samen dünn in einer 1 cm tiefen Rille ab. Säen Sie alle drei Wochen kleine Mengen. Der Abstand zwischen den Reihen sollte 30 cm betragen.

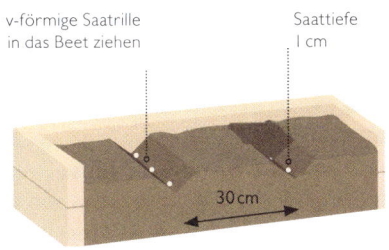

v-förmige Saatrille in das Beet ziehen
Saattiefe 1 cm
30 cm

Ernten Sie Kohlrabi, indem Sie die Knolle über dem Boden abschneiden.

PFLEGEN

Sind die vorgezogenen Pflanzen 5 cm groß, härten Sie sie ab und setzen sie dann im Abstand von 10 cm ins Beet (Reihenabstand 30 cm). Dünnen Sie Aussaaten im Beet auf einen Abstand von 10 cm aus. Halten Sie den Boden unkrautfrei und gießen Sie in Trockenperioden. Schützen Sie die Pflanzen bei kühlem Wetter mit einem Vlies.

Die meisten Sorten bilden grüne Knollen. Es gibt aber auch Violette.

SORTEN

Üblicherweise werden grüne Sorten im Frühjahr angebaut, violette im Sommer für die Ernte im Herbst.

'KOLIBRI' Sorte mit violetter Schale; innen weiß; kurze Kulturdauer; für Sommer- und Herbsternte

'KOSSAK' Robuste, hellgrüne Sorte; bildet große, zarte Knollen

ERSTE HILFE

Viele Krankheiten an Wurzel- und Knollengemüse können durch Aussaat im warmen Frühjahr vermieden werden. Auch das Verbessern des Bodens mit organischem Material hilft, denn der Boden wird durchlässig, kann aber Wasser gut speichern. Möhrenfliege und Braunfäule können ganze Ernten vernichten. Beugen Sie ihnen so gut wie möglich vor.

MINIERFLIEGE

SCHADBILD Hellbraune Gänge in den Blättern von Roter Bete, die an jungen Pflanzen zu Wuchshemmung führen
URSACHE Fraßschäden durch Larven, die das Blatt von innen auffressen
ABHILFE Befallene Blätter entfernen; Rote Bete an wechselnden Orten im Garten anbauen; Gemüsenetze oder Vlies verhindern die Eiablage

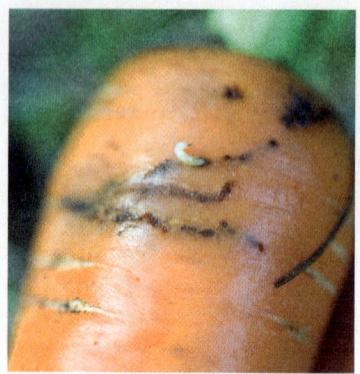

MÖHRENFLIEGE

SCHADBILD Dünne braune Gänge in den Möhren; auch Pastinaken werden befallen
URSACHE Fraßschäden durch die weißen Maden der Möhrenfliege
ABHILFE Laub nicht verletzen, da der Duft die Fliegen anlockt; Fliegen mit Gemüsenetzen, Vlies oder Barrieren fernhalten; resistente Sorten anbauen

ERDFLÖHE

SCHADBILD Kleine runde Löcher im Laub von Radieschen, Mairüben und Kohlrabi
URSACHE Kleine Käfer, die auffliegen, sobald man die Pflanzen berührt
ABHILFE Anfällige Kulturen nach der Aussaat mit Gemüsenetzen oder Vlies schützen; Aussaat in warmen Boden; Saat gut feucht halten, Boden mulchen, denn Erdflöhe lieben es trocken

SCHNECKEN

SCHADBILD Keimlinge abgefressen; Löcher in den Blättern; angefressene oder durchlöcherte Wurzeln
URSACHE Fraßschäden durch Schnecken vor allem bei feuchtem Wetter
ABHILFE Fallen und Barrieren um Aussaaten aufstellen; Schnecken abends absammeln; Kartoffeln so schnell wie möglich ernten

SCHIESSEN

SCHADBILD Pflanzen blühen frühzeitig, statt starke Wurzeln zu entwickeln
URSACHE Pflanzen schießen durch Aussaat bei niedrigen Temperaturen und wenn sie zu trocken stehen
ABHILFE Zu frühes Aussäen im Frühjahr vermeiden; frühe Kulturen im Haus vorziehen; schossfeste Sorten wählen; Erde gut feucht halten

PASTINAKENKREBS

SCHADBILD Orange-braune oder violette Fäulnisflecken; meist am oberen Ende der Pastinakenwurzel beginnend
URSACHE Schadpilz, der durch Verletzungen eindringt
ABHILFE Pastinaken vor Schäden durch die Möhrenfliege schützen; resistente Sorten anbauen; wässern, damit der Boden im Sommer nicht austrocknet

SCHWARZBEINIGKEIT AN KARTOFFELN

SCHADBILD Stängel faulen und werden schwarz; Pflanzen wachsen verkrüppelt und werden gelb; Knollen faulen
URSACHE Bakterienkrankheit, vor allem in feuchten Sommern
ABHILFE Befallene Pflanzen schnell entfernen; für durchlässigen Boden sorgen; Kartoffeln auf wechselnden Beeten anbauen; resistente Sorten wählen

BRAUNFÄULE

SCHADBILD Braune, feuchte Flecken auf Kartoffelblättern und -stielen; Pflanzen sterben ab; Knollen bekommen rostfarbene Flecken, die später faulen
URSACHE Pilzähnlicher Organismus
ABHILFE Anhäufeln; resistente Sorten anbauen oder frühe, die geerntet werden bevor sich die Braunfäule ausbreiten kann; befallenes Laub entsorgen

KARTOFFELSCHORF

SCHADBILD Erhabene braune Flecken auf der Schale; können vor dem Verzehr durch Schälen entfernt werden
URSACHE Bakterienähnliche Bodenorganismen, die sich auf der Schale ansiedeln
ABHILFE Tritt vor allem bei Trockenheit auf; Wasserspeicherfähigkeit des Bodens verbessern; Kartoffeln regelmäßig gießen; resistente Sorten wählen

ECHTER MEHLTAU

SCHADBILD Staubiger weißer Belag auf den Blattoberseiten; Mairüben sind besonders empfänglich
URSACHE Schadpilz
ABHILFE Auf empfohlenen Abstand ausdünnen, damit die Luft zirkulieren kann; Pflanzen mit Wasserstress sind anfälliger; vor allem auf Sandböden bei Trockenheit regelmäßig gießen

Leuchtend rote Stiele machen Mangold zum Hingucker im Gemüsegarten. Aber auch die anderen Blattgemüsearten sind schön anzusehen.

BLATTGEMÜSE

Diese robusten Arten gehören in jeden Nutzgarten. Kälte und Feuchtigkeit sind für sie kein Problem; viele sind sogar winterhart. Pflanzen Sie einen bunten Mix für herbstliche Pfannengerichte oder als Beilagen im Winter und Frühling.

GUTES IN GRÜN

Säen Sie schnellwachsende Blattgemüsearten im Wechsel mit Kohlarten, um das ganze Jahr über eine große Vielfalt zu ernten. Am schnellsten wachsen Spinat, Mangold und die scharfen Asia-Gemüse. Durch eine Aussaat in mehreren Sätzen können sie im Sommer und Herbst geerntet werden. Spitzkohl, Grünkohl und Sprossen-Brokkoli haben eine lange Wachstumszeit, vertragen aber leichten Frost. Grünkohl kann den Winter über geerntet werden; Sprossen-Brokkoli und Spitzkohl liefern schon delikates Grün, wenn viele andere Arten gerade erst gesät werden.

WIE VIEL PLATZ?

In den geraden Reihen eines Gemüsegartens sehen die Blattgemüsearten wunderschön aus. Mit ihren leuchtenden Farben und den vielfältigen Strukturen und Formen haben sie aber auch einen Platz in Balkonkästen oder Staudenbeeten verdient. Werden sie gut feucht gehalten, wachsen Spinat, Mangold und Asia-Gemüse in Töpfen genauso gut wie in Beeten. Sie liefern gute Erträge, vor allem wenn man die äußeren Blätter nach Bedarf pflückt und die inneren wachsen lässt. Sprossen-Brokkoli und Grünkohl wachsen nur im Beet gut, aber schon wenige Pflanzen genügen. Mit einer guten Planung können sie direkt nach frühen Gemüsearten wie Dicken Bohnen oder Erbsen angebaut werden. Mit solchen Kombinationen findet sich auch in kleinen Gärten Platz für die großen Pflanzen.

DIE PFLANZEN GESUND HALTEN

Blattgemüse brauchen einen fruchtbaren Boden mit einem hohen Anteil feuchtigkeitsspeichernden organischen Materials. Das verhindert das Schießen, wenn es heiß und trocken ist. Ein Garten voller zarter Blätter lockt Schädlinge an, wovor man die Pflanzen aber gut schützen kann. Stellen Sie Fallen und Barrieren auf, um Schnecken von den jungen Pflanzen fernzuhalten, und sammeln Sie die Kriechtiere abends ein, damit sie sich nicht zu stark vermehren. Die Kohlarten müssen, so lange sie noch klein sind, vor Erdflöhen und der Kohlfliege geschützt werden. Gemüsenetze halten Kohlweißlinge und Tauben fern.

SPINAT

Der Anbau von Spinat ist einfach, vorausgesetzt, er wird zur richtigen Zeit ausgesät. Die Aussaat im Frühling und Herbst funktioniert gut, Sommersaaten gehen schnell in die Blüte. Seine nahrhaften, dunkelgrünen Blätter können klein für Salate oder groß zum Kochen gepflückt werden.

SCHWIERIGKEIT Einfach
AUSSAAT März bis Mai (Frühsorten); August bis September (Herbstsorten)
BODEN Nährstoffreich; feuchtigkeitsspeichernd
STANDORT Offen; sonnig
KEIMDAUER 5–21 Tage
ANBAU Aus Samen
ERNTEMENGE Bis zu 1 kg pro 2 m Reihe

ANBAUKALENDER

	WINTER	FRÜHLING	SOMMER	HERBST
AUSSAAT				
ERNTE				

Frühsorten
Herbstsorten

Zeit von der Aussaat bis zur Ernte
6–10 Wochen

SÄEN

Bauen Sie Spinat nicht im Sommer an. Frühsorten werden ab dem Vorfrühling gesät, Herbstsorten im Herbst. Vor der Aussaat sollte jedoch immer reifer Kompost in den Boden eingearbeitet werden. Er wird dadurch lockerer und der Spinat kann besser seine tiefen Wurzeln bilden. Außerdem kann die Feuchtigkeit, die der Spinat benötigt, besser gespeichert werden. Ziehen Sie eine 2,5 cm tiefe Rille und legen Sie die Samen mit 1 cm Abstand hinein. Markieren Sie die Reihen, bedecken Sie sie mit Erde und gießen Sie sie kräftig mit einer Kanne mit Brause. Möchten Sie große Blätter ernten, ist ein Reihenabstand von 30 cm ideal, für kleine reichen

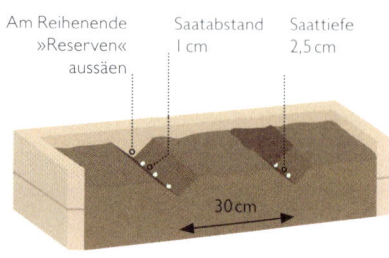

Am Reihenende »Reserven« aussäen
Saatabstand 1 cm
Saattiefe 2,5 cm
30 cm

Für Salate kann Spinat in tiefe Gefäße gesät und laufend geerntet werden.

15 cm. Säen Sie im Frühjahr und Herbst im Abstand von ein bis zwei Wochen. Wird er immer feucht gehalten, kann Spinat auch in Töpfen ausgesät werden. Der Vorteil ist, dass Schnecken dann kaum Probleme machen.

PFLEGEN

GIESSEN Spinat braucht viel Wasser. Der Boden sollte nie austrocknen, aber auch nicht staunass sein. Gießen Sie regelmäßig, vor allem wenn es im Vollfrühling wärmer wird. Ein feuchter Boden führt zu schnellem Wachstum und verhindert, dass die Pflanzen vorzeitig in Blüte gehen (schießen). Dann würde der Spinat keine Blätter mehr bilden und würde bitter. Im Topf muss Spinat häufig gegossen werden, damit die Erde feucht bleibt. Im Sommer kann es notwendig sein, ein- bis zweimal täglich zu gießen.

Gießen Sie vorsichtig, aber oft. Die Erde sollte feucht, aber nicht durchnässt sein.

AUSDÜNNEN Um große Blätter zu ernten, dünnen Sie Spinat auf einen Abstand von 15 cm in der Reihe aus, indem Sie die Keimlinge abknipsen. Sie können diese in Salate mischen. Um junge Blätter zu ernten, ist das Ausdünnen nicht notwendig.

SCHÜTZEN Schnecken lieben Spinat. Es ist also besonders wichtig, die Reihen mit Fallen oder Barrieren zu schützen (S. 38). Herbstaussaaten können für die Ernte im Frühjahr über den Winter im Beet bleiben. Wird es sehr kalt, helfen Pflanzglocken oder eine Schicht Stroh oder trockenes Laub gegen den Frost.

Winterharte Sorten werden mit trockenem Herbstlaub gemulcht.

ERNTEN

Erntet man die äußeren Blätter nach Bedarf, wachsen die inneren weiter und können später gepflückt werden.

Bei der Spinaternte knipsen Sie die Blätter von außen nach innen ab oder Sie schneiden ganze Pflanzen knapp über dem Boden ab.

Junge Blätter für Salate sollten etwa 10 cm groß sein. Wer den Spinat kochen möchte, pflückt größere und dickere Blätter. Ernten Sie viel, denn Spinat fällt beim Dünsten stark zusammen.

ZUM AUSPROBIEREN

Amaranth ist im Sommer eine farbenfrohe und nahrhafte Alternative zu Spinat. Kappen Sie die Haupttriebe, wenn die Pflanzen größer werden. Sie wachsen dann buschiger. Auch die Blüten sollten Sie entfernen. Achten Sie darauf, Blattsorten anzubauen und nicht solche, die viele Samen produzieren. Die zarten wärmeliebenden Pflanzen brauchen einen geschützten Platz und werden am besten im Sommer direkt ins Beet gesät.

Die Samen sind sehr klein. Das Säen geht einfacher, wenn man sie mit Sand mischt. Säen Sie die Samen 0,5 cm tief und mit 10 cm Abstand, wenn sie kleine Blätter ernten wollen, und mit 30 cm Abstand für große Blätter. Die Pflanzen werden bis zu 1,20 m hoch. Amaranth wird wie Spinat ausgedünnt und geerntet.

Manche Amaranthsorten haben dekorative violett gefärbte Blätter.

SORTEN

Achten Sie für guten Ertrag auf die Aussaatzeiten der Sorten. Frühsorten werden im Frühling, Herbstsorten im Spätsommer und Herbst ausgesät.

'BUTTERFLY' Schossfeste Sorte mit rundovalen Blättern; für die Aussaat im Frühjahr und Herbst; winterhart

'MATADOR' Perfekte Frühsorte für die Ernte junger Blätter; Aussaat im Frühjahr in mehreren Sätzen

'MONNOPA' Winterharte und rasch wachsende, mittelfrühe Sorte; mehltauresistent

'REDDY' Frühsorte mit dunkelgrünen Blättern an violetten Stielen; guter Geschmack; als Rohkost oder gedünstet

'WINTERRIESEN/VERDIL' Winterharte Sorte mit großen, leicht blasigen Blättern

MANGOLD

Mangold ist das Blattgemüse, das am einfachsten anzubauen ist. Er wird kaum von Schädlingen und Krankheiten befallen, verträgt Trockenheit und kann mit nur zwei Aussaatsätzen das ganze Jahr geerntet werden. Seine bunten Stiele in Gelb, Pink, Rot und Weiß sehen im Garten und in Gerichten toll aus.

SCHWIERIGKEIT Einfach
AUSSAAT März bis Juli
BODEN Feucht; nährstoffreich
STANDORT Vollsonnig; halbschattig
KEIMDAUER 7–14 Tage
ANBAU Aus Samen ziehen oder Jungpflanzen setzen
ERNTEMENGE 2 kg pro 2 m Reihe

ANBAUKALENDER

	WINTER	FRÜHLING	SOMMER	HERBST
AUSSAAT				
ERNTE				

Zeit von der Aussaat bis zur Ernte 8–12 Wochen

PFLEGEN

AUSDÜNNEN Jedes »Samenkorn« besteht aus mehreren Samen, sodass daraus mehrere Pflänzchen keimen. Dünnen Sie diese für Kochgemüse auf 30 cm Abstand, für Rohkost auf 5 cm aus. Lassen Sie in Multitopfplatten nur einen Keimling pro Topf stehen.

SÄEN

Säen Sie Mangold mit weiten Abständen, wenn Sie große Blätter als Kochgemüse ernten möchten, oder enger für die Verwendung als Rohkost. Eine zu frühe Aussaat führt dazu, dass die Pflanzen frühzeitig blühen (schießen).

FÜR KOCHGEMÜSE Säen Sie zweimal, um das ganze Jahr ernten zu können: das erste Mal im Erstfrühling für die Ernte ab dem Sommer; das zweite Mal im Hochsommer für die Ernte im Herbst und im darauffolgenden Frühjahr.

Ziehen Sie entlang einer gespannten Schnur eine 2 cm tiefe Rille und legen Sie die Samen im Abstand von 10 cm darin ab (Reihenabstand 38–45 cm). Oder zie-

Eine Voranzucht in Multitopfplatten verschafft dem Mangold Vorsprung.

hen Sie die Pflanzen in Multitopfplatten im Haus oder draußen vor und setzen Sie sie ins Beet, wenn sie 5 cm groß sind. Drücken Sie je Topf einen Samen 2 cm tief in die Erde. Gut angießen.

FÜR ROHKOST Säen Sie ab dem Vorfrühling bis in Hochsommer alle zwei bis drei Wochen direkt ins Beet oder in große Töpfe. Legen Sie die Samen 2 cm tief und mit etwa 5 cm Abstand (Reihenabstand 20 cm). Oder legen Sie 15 cm breite Furchen an, in denen Sie die Samen mit 5 cm Abstand voneinander ausstreuen.

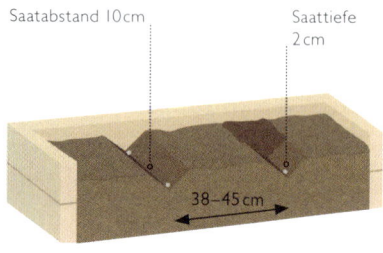

Saatabstand 10 cm
Saattiefe 2 cm
38–45 cm

Greifen Sie die Pflanzen am Ballen oder an den Blättern; nicht am Stängel.

PFLANZEN Härten Sie im Haus vorgezogene Jungpflanzen ab, indem Sie sie über 7–10 Tage täglich etwas länger ins Freie stellen. Gepflanzt wird im Abstand von 30 cm und mit einem Reihenabstand von 38–45 cm für die Verwendung als Kochgemüse oder mit 5 cm Pflanz- und 20 cm Reihenabstand für die Verwendung als Rohkost.

Sorten mit roten Stielen tendieren zum Schießen. Gießen Sie diese öfter.

GIESSEN Mangold bildet ein tiefes Wurzelwerk und kann Trockenperioden gut überstehen. Er schiebt jedoch mehr Blätter, wenn der Boden im Sommer durch wöchentliches Gießen feucht gehalten wird. Pflanzen in Töpfen brauchen regelmäßig Wasser. Eine Schicht Komposterde hält die Feuchtigkeit im Boden und unterdrückt Unkraut.

SCHÜTZEN Schützen Sie Aussaaten mit Barrieren und Fallen vor Schnecken. Mit Netzen oder Vlies können Sie verhindern, dass Vögel die Keimlinge wegpicken. Unter einem Vliestunnel können Sie auch im Winter ernten.

ERNTEN

Große Blätter können Sie etwa 12 Wochen nach der Aussaat ernten. Knicken oder schneiden Sie zuerst die äußeren Blätter kurz über dem Boden ab. Kleinere Blätter für Rohkost werden genauso geerntet, haben aber schon nach etwa acht Wochen die passende Größe. Entfernen Sie Blütenstiele.

Ernten Sie nach Bedarf jeweils die äußeren Blätter.

Große Pflanzen werden im Ganzen kurz über dem Boden geschnitten.

ZUM AUSPROBIEREN

Neuseeländer Spinat ist ein ausgezeichnetes Gemüse, wenn Ihr Standort für Mangold und Spinat zu mager oder zu sonnig ist. Ziehen Sie ihn im Frühjahr im Haus vor und setzen Sie ihn im Frühsommer ins Beet. Lassen Sie die Samen 12 Stunden in Wasser quellen, bevor Sie sie 1 cm tief aussäen. Nach dem Abhärten setzen Sie die Pflanzen im Abstand von 45 cm in ein sonniges Beet mit durchlässigem Boden. Ab dem Sommer bis in den Herbst können die fleischigen Blätter immer wieder geerntet werden.

Neuseeländer Spinat bleibt niedrig und hat einen milden Geschmack.

SORTEN

Stielmangold hat breite Rippen. Blattmangold bleibt kleiner, hat aber zarteres Laub.

'BRIGHT LIGHTS' Wunderschöner Mix aus roten, pinken, gelben und weißen Stielen, wird oft für Rohkost verwendet

'BRIGHT YELLOW' Sorte mit breiten, gelben Stielen und Blattadern

'FORDHOOK GIANT' Historische Stielmangoldsorte mit weißen Stielen; wird bis zu 60 cm hoch

'LUCULLUS' Starkwüchsige Blattmangoldsorte mit gekrausten Blättern

SPROSSEN-BROKKOLI

SCHWIERIGKEIT Einfach
AUSSAAT April bis Juni
BODEN Nährstoffreich; durchlässig; fest
STANDORT Vollsonnig; geschützt
KEIMDAUER 4–7 Tage
ANBAU Aus Samen oder Jungpflanzen
ERNTEMENGE 1 kg pro 2 m Reihe

Bei dem eher unbekannten Sprossen-Brokkoli werden nach und nach die Seitentriebe und Knospen geerntet. Er füllt die »Erntelücke« zwischen Winter und Frühjahr. Die Pflanzen sind groß und ertragreich, meist reichen eine oder zwei. Frühjahrssorten überstehen milde Winter auf dem Beet.

ANBAUKALENDER

	WINTER	FRÜHLING	SOMMER	HERBST
AUSSAAT				
ERNTE				

Sommersorten
Frühjahrssorten

Zeit von der Aussaat bis zur Ernte
3–7 Monate

SÄEN

Sprossen-Brokkoli wächst langsam und sollte in einem Saatbeet oder in Multitopfplatten vorgezogen und erst im Sommer ins Beet gesetzt werden. Durch die Aussaat von Frühjahrs- und Sommersorten kann über einen langen Zeitraum geerntet werden. Brauchen Sie nur wenige Pflanzen, kaufen Sie sie.

AUF DEM BEET Säen Sie ab dem Erstfrühling bis zum Frühsommer in ein Saatbett. Ziehen Sie dafür eine 1 cm tiefe und 60 cm lange Rille, legen Sie die Samen dünn darin ab, bedecken Sie sie mit Erde, gießen Sie und markieren Sie die Reihen (Reihenabstand 20 cm). Sind die Samen gekeimt, dünnen Sie auf einen Abstand von 5 cm aus.

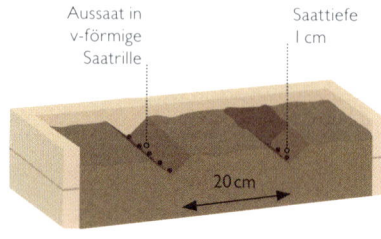

Aussaat in v-förmige Saatrille
Saattiefe 1 cm
20 cm

Legen Sie zur Sicherheit zwei Samen in jeden Topf. Sollten beide keimen, entfernen Sie die schwächere Pflanze.

IN PLATTEN Füllen Sie Multitopfplatten mit Universalerde und legen Sie die Samen 1 cm tief hinein. Bedecken Sie sie mit Erde und gießen Sie die Aussaaten. Falls Sie beide anbauen, markieren Sie sorgfältig, welches Frühjahrs- und Sommersorten sind. Stellen Sie die Platten hell und kühl im Haus auf oder an einen geschützten Platz im Freien. Topfen Sie die Sämlinge in 9 cm-Töpfe, sobald sie sich gut verpflanzen lassen.

PFLEGEN

AUSPFLANZEN Sprossen-Brokkoli kümmert in sauren Böden. Eventuell ist es nötig, das Beet im Vorjahr zu kalken (S. 20). Härten Sie Pflanzen, die im Haus standen, vor dem Auspflanzen ab. Die Pflanzen können ins Beet, wenn sie etwa 8 cm hoch sind. Gießen Sie erst kräftig und stellen Sie liegende Pflänzchen wieder auf. Setzen Sie den Sprossen-Brokkoli mit 60 cm Pflanz- und Reihenabstand in kleine Löcher und drücken Sie die Erde an den Ballen.

Ein Gemüsenetz verhindert Schäden durch Insekten.

SCHÜTZEN Barrieren und Fallen schützen junge Pflanzen vor Schnecken (S. 38). Schützen Sie Sämlinge mit Gemüsenetzen vor Erdflöhen. Kohlkragen (S. 135) an der Stängelbasis verhindern, dass die

Kohlfliege ihre Eier ablegt. Gemüsenetze halten im Sommer Kohlweißlinge und Tauben in der ersten Wachstumsphase von den Pflanzen fern. Frühjahrssorten brauchen einen Winterschutz.

GIESSEN UND DÜNGEN Gießen Sie regelmäßig, solange die Pflanzen einwachsen sowie an heißen Sommertagen. Sorgen Sie mit Flüssigdüngergaben im Spätsommer für üppiges Wachstum. Halten Sie die Beete unkrautfrei. Mulchen Sie mit Kompost. Das verbessert den Boden und unterdrückt Unkräuter.

ERNTEN

Frühjahrssorten bilden vom Winter bis zum Frühling essbare Blütentriebe. Ernten Sie diese, wenn sie 10–15 cm lang und die Knospen noch geschlossen sind.

Beginnen Sie mit dem Haupttrieb. Regelmäßiges Ernten fördert das Wachstum. Eine Pflanze kann Sie 6–8 Wochen lang mit Trieben versorgen. Sommersorten werden von Hochsommer bis Vollherbst mit der gleichen Methode geerntet.

Gießen Sie Sprossen-Brokkoli, der auf durchlässigem Boden wächst, regelmäßig.

Schneiden Sie den Haupttrieb zuerst, das fördert die Bildung von Seitentrieben. Ernten Sie wenig an mehreren Pflanzen statt eine völlig.

ZUM AUSPROBIEREN

Probieren Sie Stängelkohl, wenn Sie keinen Sprossen-Brokkoli anbauen können. Er kann schon 7–8 Wochen nach der Aussaat geschnitten werden. Stängelkohl wird nur 30 cm hoch. Saen Sie ab dem Vorfrühling bis in den Hochsommer alle drei Wochen, indem Sie die Samen dünn und 1 cm tief in Beete oder große Töpfe legen. Dünnen Sie auf 15 cm Abstand aus. Geerntet werden die Blütenstiele, wenn sie etwa 20 cm lang sind. Schneiden Sie sie über dem untersten Blattpaar, wachsen die Pflanzen nach.

Blütenstiele und Blätter des Stängelkohls schmecken senfig-scharf.

SORTEN

Sprossen-Brokkoli bekommt je nach Sorte grüne oder violette Knospen. Grüne vertragen Kälte schlechter als violette.

'DE CICCO' Robuste und bewährte Sorte für den Anbau ab dem Frühsommer

'EARLY PURPLE' Englische Sommersorte mit violetten Blütenköpfen; die Farbe geht beim Kochen leider verloren

'QUARANTINO RICCIO' Sommersorte mit grünen Knospen

'RED ARROW' Zuverlässig und schnell wachsende Frühjahrssorte mit rötlichen Knospen

SPITZKOHL

Mit seinem milden Geschmack und den wertvollen Inhaltsstoffen ist der Spitzkohl eine echte Bereicherung für den Speiseplan. Frühe Sorten werden frisch verzehrt; viele der späteren Sommersorten sind gut lagerfähig oder können zu Sauerkraut verarbeitet den Winter über genossen werden.

SCHWIERIGKEIT Einfach
AUSSAAT Januar bis Juli
BODEN Nährstoffreich; durchlässig; fest
STANDORT Vollsonnig
KEIMDAUER 4–7 Tage
ANBAU Aus Samen ziehen oder Jungpflanzen setzen
ERNTEMENGE 6–10 Köpfe pro 2 m Reihe

ANBAUKALENDER

	WINTER	FRÜHLING	SOMMER	HERBST
AUSSAAT				
ERNTE				

Frühe Sorten
Späte Sorten

Zeit von der Aussaat bis zur Ernte
8 Monate

PFLEGEN

AUSDÜNNEN Dünnen Sie Pflanzen im Saatbeet auf einen Abstand von 5 cm aus. Direktsaaten werden nach und nach auf 10 cm Abstand ausgedünnt. Halten Sie die Reihen unkrautfrei.

PFLANZEN Wenn die Jungpflanzen ab dem Vorfrühling (frühe Sorten) bzw. im Vollfrühling (späte Sorten) vier Blätter haben, werden sie an ihren endgültigen Platz gepflanzt. Wählen Sie einen sonnigen Standort auf nährstoffreichem, leicht basischem Boden (S. 20). Härten Sie im Haus vorgezogene Pflanzen vorher ab. Drücken Sie Jungpflanzen in Platten vorsichtig mit den Fingern heraus. Lockern Sie Pflanzen im Saatbeet

SÄEN

Üblicherweise wird Spitzkohl im Frühjahr in einem extra Saatbeet oder in Multitopfplatten vorgezogen und später an seinen endgültigen Standort verpflanzt. Es gibt auch winterharte Sorten, die auf dem Beet überwintern. Sie benötigen allerdings einen Schutz.

AUF DEM BEET Zum Vorziehen im Freiland wird eine 60–90 cm lange Reihe benötigt. Stellen Sie eine feinkrümelige Oberfläche her, in die Sie eine 1 cm tiefe Rille ziehen. Streuen Sie die Samen dünn hinein, bedecken Sie sie mit Erde, gießen und markieren Sie die Reihen. Steht Ihnen mehr Platz zur Verfügung, können die Samen auch an ihrem end-

Vorgezogene Pflanzen können nach etwa vier Wochen ausgepflanzt werden.

gültigen Platz abgelegt werden. Säen Sie den Spitzkohl dann dünn in die Reihen (Reihenabstand 30 cm).

AUSSAAT IN PLATTEN Legen Sie je einen Samen 1 cm tief in die Mitte jedes Topfes. Bedecken Sie die Samen mit Erde und gießen und beschriften Sie sie. Stellen Sie die Platten zum Keimen auf ein kühles, helles Fensterbrett oder an einen geschützten Platz im Freien.

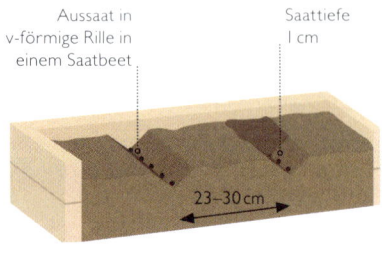

Aussaat in v-förmige Rille in einem Saatbeet
Saattiefe 1 cm
23–30 cm

Pflanzen Sie den Kohl an einem bedeckten, kühlen Tag. Er welkt sonst.

mit der Handgabel. Bei einem Abstand von jeweils 30 cm zwischen Reihen und Pflanzen entstehen schöne Köpfe.

SCHÜTZEN Halten Sie den Fruchtwechsel (S. 23) ein, um Krankheiten und Schädlingsbefall vorzubeugen. Decken Sie Jungpflanzen mit Vlies oder Netzen ab, um Kohlfliegen und Erdflöhe fernzuhalten. Auch Kohlkragen (Scheiben, die um den Stängel auf den Boden gelegt werden) schützen vor der Kohlfliege. Halten Sie Schnecken mit Fallen und Barrieren unter Kontrolle. Über Stangen gespannte Netze schützen vor Tauben.

Kohlkragen kann man im Fachhandel kaufen oder aus Pappe zuschneiden.

ERNTEN

Holen Sie die ganze Pflanze aus der Erde oder schneiden Sie die Stiele mit einem scharfen Messer kurz unter dem Kopf ab. Die ersten Köpfe können ab dem Vorsommer geerntet werden. Sie schmecken in feine Streifen geschnitten als Salat, gedünstet und geschmort. Dicke Scheiben kann man auch rösten.

Drücken Sie die großen Blätter zur Seite und schneiden Sie mit einem scharfen Messer die dicken Stiele kurz unter dem Kopf.

ZUM AUSPROBIEREN

Eine Spitzkohlpflanze können Sie zweimal beernten, wenn Sie den Kopf so weit oben abschneiden, dass die zwei untersten Blätter am Stängel bleiben. Schneiden Sie die Strunkschnittfläche dann kreuzweise ein. Der Stängel beginnt, neue Triebe zu bilden. Gießen Sie die Strünke regelmäßig und geben Sie einen stickstoffbetonten Dünger, sobald die Seitentriebe zu wachsen beginnen. Manche Pflanzen bilden bis zu fünf neue kleine Köpfe zarter Blätter. Nach etwa acht Wochen können diese geerntet und in der Küche verwendet werden.

Durch das Einschneiden des Strunks werden neue Triebe gebildet.

SORTEN

Die Sorten unterscheiden sich in der Erntezeit und der Kopfgröße. So sollte jeder Gärtner die passende finden.

'DURHAM EARLY' Frühe Sorte mit dichten Köpfen; zart und wohlschmeckend; frisch verwenden

'ERSTLING' Sorte mit kurzer Entwicklungszeit; kälteunempfindlich, daher Anbau früh im Jahr möglich

'FILDERKRAUT' Traditionelle Sorte für die Sauerkrautzubereitung; große Köpfe; mittelspät

'KALIBOS' Rotblättrige Sorte; lockerer Kopf mit wenig Strunkanteil; gut roh zu verzehren

GRÜNKOHL

Die großen **Pflanzen** sind sehr winterhart und bilden farbenprächtige, auffällig strukturierte und sehr gesunde **Blätter**. Normalerweise wird Grünkohl im Winter geerntet. Setzt man die **Pflanzen** eng zusammen, kann man im Sommer und Herbst besonders zarte **Blätter** schneiden.

SCHWIERIGKEIT Einfach
AUSSAAT April bis Juni
BODEN Durchlässig; nährstoffreich
STANDORT Vollsonnig; halbschattig
KEIMDAUER 7–14 Tage
ANBAU Aus Samen ziehen oder Jungpflanzen setzen
ERNTEMENGE 3 kg pro 2 m Reihe

ANBAUKALENDER

	WINTER	FRÜHLING	SOMMER	HERBST
AUSSAAT				
ERNTE				

▪ Frühe Ernte
▪ Haupterntezeit

Zeit von der Aussaat bis zur Ernte
3–6 Monate

SÄEN

Grünkohl wird entweder in einem Saatbeet oder in Multitopfplatten vorgezogen und im Sommer an seinen endgültigen Platz gesetzt. In einem kleinen Garten reichen fünf kräftige Pflanzen. Um junge Blätter ernten zu können, wird der Grünkohl im Sommer direkt in Beete oder große Töpfe gesät.

AUF DEM BEET Ziehen Sie ab dem Erstfrühling bis zum Frühsommer eine Rille, 60–90 cm lang und 1 cm tief. Streuen Sie den Samen dünn hinein, bedecken Sie ihn mit Erde, gießen Sie und markieren Sie die Reihe. Dünnen Sie den Grünkohl auf 8 cm Abstand aus, sobald er sich gut herausziehen lässt. Für die frühe Ernte kann Grünkohl im Erst- und Vollfrühling auch direkt gesät werden (Reihenabstand 15 cm).

IN TÖPFEN Füllen Sie im Erstfrühling kleine Töpfe mit Erde. Legen Sie je einen Samen 1 cm tief hinein und bedecken ihn mit Erde. Gießen und beschriften Sie die Aussaat und stellen sie geschützt ins Freie oder an einen hellen Ort im Haus.

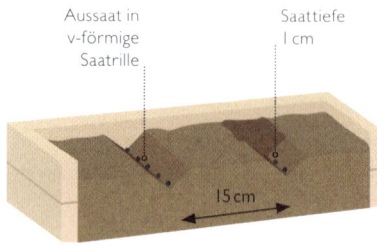
Aussaat in v-förmige Saatrille — Saattiefe 1 cm — 15 cm

Vorgezogene Pflanzen können nach etwa acht Wochen verpflanzt werden.

Setzen Sie den Grünkohl ins Beet, wenn er fünf bis sechs Blätter hat.

PFLEGEN

AUSPFLANZEN Grünkohl, der in kleinen Töpfen oder Multitopfplatten vorgezogen wurde, muss erst in größere Töpfe gesetzt werden, bevor er im Hochsommer ins Beet gepflanzt wird. Er braucht einen durchlässigen, fruchtbaren und leicht basischen Boden (S. 20). Setzen Sie die Pflanzen mit 45 cm Abstand, wenn Sie den Winter über ernten möchten, oder mit 15 cm Abstand für eine frühe Ernte. Machen Sie ein Loch, das etwas größer ist als der Ballen, und setzen die Pflanzen so tief hinein, dass das unterste Blattpaar gerade noch aus der Erde schaut. Direktsaaten werden auf 15 cm Abstand ausgedünnt.

GIESSEN UND DÜNGEN Gießen Sie Grünkohl nach dem Auspflanzen und halten Sie den Boden gleichmäßig feucht. Jäten Sie regelmäßig. Bringen Sie im Herbst eine Mulchschicht aus, um die Feuchtigkeit im Boden zu halten und Unkräuter zu unterdrücken. Geben Sie im Vorfrühling einen stickstoffbetonten Dünger.

SCHÜTZEN Mit feinen Netzen oder Vlies können Sie Kohlweißlinge und Tauben von den Pflanzen fernhalten.

Grünkohl und Palmkohl werden geerntet, wenn die Blätter voll ausgebildet sind.

Grünkohl ist wenig anfällig, Netze sind trotzdem ein sinnvoller Schutz.

ERNTEN

Die frühe Ernte beginnt im Sommer, etwa drei Monate nach der Aussaat; die späte im Spätherbst. Beginnen Sie unten an der Pflanze damit, die Blätter abzuschneiden oder abzuknicken. Pflücken Sie an allen Pflanzen gleichmäßig stark.

In milden Wintern wächst Grünkohl weiter, manche Sorten bilden zarte Seitentriebe. Bilden sich Blüten, kann nicht mehr geerntet werden. Die Blätter werden dann hart. Junges Laub verwendet man kleingeschnitten in Salaten. Größeres wird gedünstet, in Pfannengerichten, Suppen oder mit Pasta zubereitet.

ZUM AUSPROBIEREN

Kohlröschen sind eine Kreuzung aus Grünkohl und Rosenkohl. Sie bilden dichte Büschel violetter Blätter auf dicken Stielen. Kohlröschen brauchen einen nährstoffreichen, durchlässigen Boden. Säen Sie sie im Vor- bis Erstfrühling 1 cm tief in ein Saatbeet oder in Multitopfplatten und pflanzen Sie sie im Vollfrühling bis Frühsommer im Abstand von 50 cm aufs Beet. Halten Sie die Erde feucht und häufeln Sie sie leicht an, damit die Pflanzen stabil stehen. Auch Kohlröschen werden von unten nach oben abgeerntet.

Kohlröschen sind hohe Pflanzen, die Schutz vor starkem Wind brauchen.

SORTEN

Grünkohl gibt es in einer großen Vielfalt an Blattfarben und -strukturen; darunter auch solche für kleine Gärten.

'DWARF GREEN CURLED' Kompakte Sorte mit dunklen, gekräuselten Blättern
'EMERALD ICE' Breite weißgrüne Blätter mit hellgrünen, gerüschten Rändern
'NERO DI TOSCANA' Als Palmkohl bekannt; italienische Sorte mit langen, blasigen dunklen Blättern
'REDBOR' Violettlaubige Sorte mit gekräuselten Blättern; ein Hingucker in winterlichen Gärten
'STARBOR' Kleinbleibende, grüne Sorte; ideal für kleine Fläche oder Töpfe

ASIA-GEMÜSE

Die kältetoleranten Asia-Gemüsearten wie Mizuna, Mibuna, Blattsenf, Pak Choi, Tatsoi und Komatsuna gehören auch zu den Kohlgewächsen. Geschmacklich wird von mild-kohlig bis pfeffrig-scharf alles geboten. Am besten gelingt die Aussaat im Sommer für die Ernte im Herbst und Winter.

SCHWIERIGKEIT Einfach
AUSSAAT Juni bis August; auch März
BODEN Durchlässig; feucht; nährstoffreich
STANDORT Vollsonnig; halbschattig
KEIMDAUER 3–10 Tage
ANBAU Aus Samen
ERNTEMENGE 1,5 kg pro 2 m Reihe

ANBAUKALENDER

	WINTER	FRÜHLING	SOMMER	HERBST
AUSSAAT				
ERNTE				

Zeit von der Aussaat bis zur Ernte
8–10 Wochen

SÄEN

Asia-Gemüse können im Vorfrühling ausgesät werden, gehen aber schnell in Blüte. Empfehlenswerter ist daher die Aussaat in zwei oder drei Sätzen von Hochsommer bis Frühherbst. So kann ab dem Spätsommer und über den Winter geerntet werden. Meist funktioniert die Direktsaat gut. In schneckenreichen Gärten oder wenn die Asia-Gemüse auf Feuerbohnen oder andere Frühsommerkulturen folgen sollen, ist das Vorziehen sinnvoll.

AUF DEM BEET Verbessern Sie den Boden vor der Aussaat mit viel reifem Kompost. Er hält die Feuchtigkeit im Boden. Spannen Sie eine Schnur über das Beet und ziehen Sie entlang dieser mit einem Stab oder einer Pflanzkelle eine 1 cm tiefe Rille. Streuen Sie die Samen dünn hinein, bedecken Sie die Reihen (Reihenabstand 23–30 cm) mit Erde und gießen Sie sie.

AUSSAAT IN PLATTEN Füllen Sie Multitopfplatten oder kleine Töpfe mit Erde und legen Sie pro Topf einen Samen 1 cm tief mittig hinein. Bedecken Sie die Samen mit Erde, gießen sie und stellen sie geschützt nach draußen oder auf ein kühles Fensterbrett.

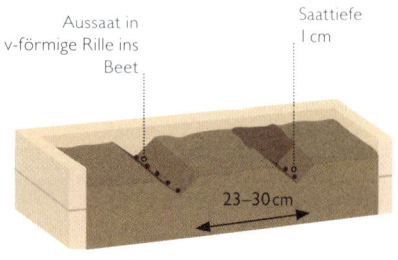

Asia-Gemüse vertragen Kälte gut und können direkt ins Beet gesät werden.

Pak Choi muss für eine gute Ernte ausgedünnt werden, solange er noch klein ist.

PFLEGEN

AUSDÜNNEN ODER PFLANZEN Dünnen Sie die Pflänzchen auf einen Abstand von 15 cm aus, wenn Sie kleine Blätter ernten möchten, oder verziehen Sie sie auf 30 cm, wenn die Pflanzen groß werden und über einen längeren Zeitraum Blätter bilden sollen. Herausgezogene Keimlinge können Sie in Salate mischen. Setzen Sie vorgezogene Pflanzen 3–4 Wochen nach der Aussaat ins Beet oder in große Töpfe (gleicher Pflanzabstand; Reihenabstand 23–30 cm).

GIESSEN Asia-Gemüsearten neigen bei heißem, trockenem Wetter zum Schießen. Halten Sie im Sommer daher den Boden gleichmäßig feucht. Das beste Gegenmittel ist aber wohl, die Blätter zu essen, wenn sie noch klein sind. Halten Sie den Boden unkrautfrei, indem Sie alle 14 Tage jäten oder hacken.

Asia-Gemüse bilden nur flache Wurzeln und müssen regelmäßig gegossen werden.

SCHÜTZEN Schnecken finden oft Geschmack an den Keimlingen. Schützen Sie diese mit Barrieren und Fallen. Spätere Sommeraussaaten werden nicht so stark von Erdflöhen befallen (S. 140), frühere müssen jedoch mit Vlies oder Netzen geschützt werden. Auch wenn Asia-Gemüse Kälte gut vertragen, können sehr kalte oder nasse Winter ihnen zusetzen. Pflanzglocken oder Vliestunnel bieten dann Schutz.

Gartenvlies schützt frühe Pak Choi-Aussaaten vor Erdflöhen.

ERNTEN

Etwa acht Wochen nach der Aussaat sollten die Pflanzen 15 cm hoch sein und können geerntet werden. Möchten Sie mehrmals ernten oder gut entwickelte Pflanzen über den Winter stehen lassen, pflücken Sie jeweils nach Bedarf die äußeren großen Blätter. Schneiden Sie Pak Choi, Tatsoi und Komatsuna als Köpfe etwa 2,5 cm über dem Boden bzw. Mizuna, Mibuna und Blattsenf 5 cm über dem Boden. Dann können die Pflanzen nachwachsen. Im Winter wachsen sie kaum, aber im Vorfrühling liefern sie schon früh frisches Grün.

Blattsenf und andere Asia-Gemüse werden oft neben Salatreihen gepflanzt.

ARTEN UND SORTEN

Die Asia-Blattgemüse bieten eine große Vielfalt an Aussehen, Geschmack und Textur.

BLATTSENF 'RED GIANT' Violette, leicht gezackte Blätter; angenehmes pikantes Senfaroma

KOMATSUNA Löffelförmige Blätter mit mildem Senfgeschmack; neigt weniger zum Schießen als viele andere Asia-Gemüse

MIBUNA Schmale, grüne Blätter in attraktiven Büscheln; schnellwachsend

MIZUNA 'KYUTO' Büschel gruner, gefiederter Blätter mit weißen Adern; leichtes Senfaroma

PAK CHOI 'JOI CHOI' Sehr schossfeste und unempfindliche Sorte

TATSOI Auch Rosetten-Pak Choi genannt; keimt schnell; ziemlich frosthart; in kalten Nächten abdecken

ERSTE HILFE

Das saftige Grün der Blattgemüse braucht Schutz, denn es zieht Schnecken und Tauben magisch an. Die Kohlgewächse unter ihnen werden von artspezifischen Schädlingen und Krankheiten befallen. Zum Glück sind Fruchtwechsel, vorbeugende Maßnahmen und das Errichten von Barrieren effektive Wege, sie gesund zu halten.

KOHLFLIEGE

SCHADBILD Kohlarten wachsen schlecht, welken und sterben ab
URSACHE Adulte Kleine Kohlfliegen legen Eier in den Boden. Daraus schlüpfen Larven, die die Wurzeln fressen
ABHILFE Pflanzen mit Vlies oder Gemüsenetzen schützen; Kragen aus Pappe oder anderem festem Material um die Stängel legen

MOTTENSCHILDLAUS

SCHADBILD Kleine weiße Insekten auf den Blattunterseiten von Kohlköpfen, Grünkohl oder Sprossen-Brokkoli
URSACHE Saugendes Insekt, auch Weiße Fliege genannt
ABHILFE Meist führt ein Befall nicht zu ernsten Schäden. Zugelassene biologische Pflanzenschutzmittel gemäß Anwendungsanweisungen ausbringen

RAUPEN

SCHADBILD Im Sommer werden Teile der Blätter an Kohlgewächsen abgefressen
URSACHE Fraßschäden durch die Raupen von Schmetterlingen und Motten
ABHILFE Die winzigen gelben und weißen Eier oder die Raupen absammeln; Gemüsenetze über die Pflanzen spannen, um die Eiablage zu verhindern

ERDFLÖHE

SCHADBILD Runde, kleine Löcher im Laub von Kohlgewächsen; bei schwerem Befall schlechtes Wachstum
URSACHE Kleine Käfer; manchmal sind sie zu sehen, wenn man das Laub berührt
ABHILFE In warmen Boden säen; viel Gießen und Mulchen, damit die Erde feucht bleibt; Pflanzen vorziehen; Reihen mit Gemüsenetzen schützen

MEHLIGE KOHLBLATTLAUS

SCHADBILD Blätter von Grünkohl, Weißkohl und Sprossen-Brokkoli bekommen gelbe Flecken und sind deformiert
URSACHE Grau-weiße saugende Blattläuse auf den Blattunterseiten
ABHILFE Ein leichter Befall kann toleriert werden; Läuse zwischen den Fingern zerdrücken; Gegenspieler durch Mischkultur mit Blumen anlocken

SCHNECKEN

SCHADBILD Große, gezackte Löcher in den Blättern; Laub und Triebe von Keimlingen über Nacht abgefressen
URSACHE Schnecken, die tagsüber in feuchten, kühlen Nischen sitzen
ABHILFE Unterschlupfmöglichkeiten rund um den Gemüsegarten entfernen; nachts absammeln; Bierfallen und Barrieren um die Beete platzieren

TAUBEN

SCHADBILD Blätter eckig eingerissen oder bis zu den Stielen abgezogen
URSACHE Tauben, die vor allem im Winter und Frühling auf Nahrungssuche sind
ABHILFE Einen robusten Rahmen bauen, Netze darüber spannen und am Boden befestigen; auf losen Netzen landen die Vögel und picken hindurch

SCHIESSEN

SCHADBILD Pflanzen bilden frühzeitig Blütentriebe statt Blätter
URSACHE Aussaat zum falschen Zeitpunkt oder wenn es zu kühl ist; auch trockener Boden fördert das Schießen
ABHILFE Aussaathinweise beachten; warten bis der Boden warm ist; frühzeitig ausdünnen, um Konkurrenz um Wasser zu vermeiden; regelmäßig gießen

KOHLHERNIE

SCHADBILD Kohlgewächse wachsen schlecht; Laub wird rötlich und welkt; verdickte und deformierte Wurzeln
URSACHE Pilzliche Erkrankung, Kohlhernie genannt
ABHILFE Wasserabzug verbessern; saure Böden kalken, um den pH-Wert zu erhöhen; keine kranken Pflanzen ins Beet setzen; Fruchtwechsel einhalten

GELBE BLÄTTER

SCHADBILD Untere Blätter von Grünkohl oder Sprossen-Brokkoli werden im Winter und Frühjahr gelb und fallen ab
URSACHE Natürlicher Laubfall
ABHILFE Kein Grund zur Beunruhigung; gelbes Laub entfernen und kompostieren; sind neue Pflanzenteile gelb, stickstoffbetonten Dünger geben; Pflanzen auf Schädlinge kontrollieren

REGISTER

Fette Zahlen verweisen auf den Haupteintrag zum Stichwort

A
Abhärten 30
Amaranth 61, 129
Ampfer 58
Artischocken **108–109**
Asia-Gemüse 31, **138–139**
Asia-Salate **56–57**, 138
    als Microgreens 61
Auberginen 48, **104**
    Blütenendfäule 111
    Pflanzen 31
    Saison verlängern 45
Aussaat in Sätzen 43, 44
Aussäen, Aussaat **28–29**

B
Basilikum 61, **62–63**
Beete vorbereiten **20–21**
Biologischer Pflanzenschutz 38
Blattgemüse 126–141
    s. auch Asia-Gemüse, Grünkohl, Mangold, Spinat, Spitzkohl, Sprossen-Brokkoli
Blattläuse 39, 66, 80, 110, 111, 141
Blattsenf 57, 61, **138–139**
Blut-Ampfer s. Ampfer
Boden pflegen **20–21**
Bohnen 72–79
    als Sprossen 60
Borlotti-Bohnen
    s. Trockenbohnen
Brokkoli s. Sprossen-Brokkoli
Buschbohnen 72–73

C
Chicoree s. Radicchio und Endivien
Chili 48, **105**
    Gießen 37
    Lagern 40
    Pflanzen 31
    Saison verlängern 45
    s. auch Paprika

D
Dicke Bohnen **76–77**
    Mischkultur 39
    Pflanzen 31
    Schokoladenfleckenkrankheit 81
Dill **62–63**
Düngen, Dünger **34–35**
    Gründüngung 41
    s. auch Kompostieren; Biologisch gärtnern

E
Echter Mehltau 67, 81, 125
Einlegegurken s. Freilandgurken
Endivien **54–55**
    Bleichen 55
Erbsen **70–71**
Erbsen und Bohnen 48, **68–81**
    s. auch Erbsen, Dicke Bohnen, Feuerbohnen, Gartenbohnen, Trockenbohnen, Zuckerschoten
    als Sprossen **60**, 71
    Aussaat in Sätzen 44
    Fruchtansatz, fehlender 81
    Lagern 40
    Pflanzen 31
    Saison verlängern 44
    Schädlinge und Krankheiten 75, 78, 80, 81
    Stützen 71, 72–73, 74–75, 77, 79
Erdflöhe 57, 66, 124, 140
Ernten **40–41**
Ernteüberschüsse 43
Ertrag steigern **22–23**
Estragon **64–65**
Etagenzwiebeln 85

F
Familie **26–27**
Feuerbohnen **74–75**
    Lagern 40
    Pflanzen 31
Folgekultur 42
Freilandgurken **102–103**
Fruchtwechsel 23

G
Gartenarbeit
    Gießen 36, 37
    im Jahr 11, **12–13**
Gartenbohnen 31, **72–73**
Gemeinschaftsgärten 49
Gewächshaus 33
Gewürzfenchel **64–65**
Gießen **36–37**
    Regentonne 37
    Zeitpunkt 36, 37
Grünkohl 49, **136–137**
    als Keimlinge 61
    Aussaat in Sätzen 44, 136
    Gelbe Blätter 141
    Pflanzen 31, 136
Gurken s. Freilandgurken

H
Hochbeete 15, **16–17**, 48

J
Jäten 21
Jungpflanzen 31

K
Kaninchen 38
Kartoffeln **120–122**
    in Pflanzsäcken 121, 122
    Krankheiten 125
    Saison verlängern 44, 120, 122
Keimlinge s. Microgreens
Kerbel **62–63**
Kinder **26–27**
Kleine Gärten **24–25**
Knoblauch **88**
    Lagern 40, 88
    Schädlinge 92, 93
Kohlgewächse
    Fruchtwechsel 23
    im Staudenbeet 49
    im zweiten Jahr 43
    Pflanzen 31, 134, 136
    Schädlinge und Krankheiten 66, 140, 141
    zweimal ernten 135
Kohlrabi 49, **123**
    Erdflöhe 124

Kohlröschen 137
Komatsuna 57, **138–139**
Kompostieren 9, **46–47**
Koriander 61, **62–63**
Kräuter **62–65**
Kresse **61**
Kürbisse 48, **100–101**
    Gurkenmosaik-Virus 111

L
Lagerung 40
Lauch s. Porree
Lauchgewächse 39, 82–93
    s. auch Lauchzwiebeln, Knoblauch, Porree, Schalotten, Schnittlauch, Zwiebeln
    Lagern 40, 88
    Pflanzen 31, 91
    Schädlinge und Krankheiten 92, 93
    Schießen 93
    Stängelgrundfäule 93
Lauchzwiebeln **87**
Lehmboden 21

M
Mangold 57, 61, **130–131**
Mairüben **118**
    Erdflöhe 124
    Lagern 40
Mäuse 80
Mexikanische Minigurken 103
Mibuna 57, **138–139**
Microgreens **61**
Minze **64–65**, 67
Mischkultur 39
Mizuna 57, **138–139**
Möhren **114–115**
    Lagern 40
    Mischkultur 39
    Möhrenfliege 39, 66, 115, 124
    Saison verlängern 44

N
Navetten s. Mairüben
Nematoden 38
Neuseeländer Spinat 131
No-Dig-Methode 21
Nützlinge 39

P

Pak Choi 57, **138–139**
Palettengarten 25
Palmkohl s. Grünkohl
Paprikas **105**
    Blütenendfäule 111
    Pflanzen 31
    Saison verlängern 45
Pastinaken **119**
    Schädlinge und Krankheiten 39, 115, 124, 125
Petersilie **62–63**, 66
Pflanzgefäß s. Töpfe
Pflanzglocken 30, 45
Planen 6–7, **14–15**, 22
    Hochbeete 15, **16–17**
    Kleine Gärten 24
    nach dem ersten Jahr 42, 43
Platz schaffen 10, **48–49**
Porree **90–91**
    Pflanzen 31, 91
    Schädlinge und Krankheiten 92, 93
Prunkbohnen s. Feuerbohnen
Puffbohnen s. Dicke Bohnen

R

Radicchio **54–55**
Radieschen **117**
    Aussaat in Sätzen 44, 117
    Erdflöhe 124
Rauke **56–57**
    als Keimlinge 61
Raupen 81, 92, 140
Regenwasser 37
Rosmarin 65
Rote Bete **116**
    Lagern 40
    Minierfliege 124
    Pflanzen 31
    Saison verlängern 44

S

Saison planen 11, **12–13**
Saison verlängern **44–45**
Salate **52–53**
    Pflanzen 31
    Schädlinge und Krankheiten 52, 66, 67

Salate und Kräuter 49, 50–67
    s. auch Ampfer, Asia-Salate, Endivien, Keimlinge, Kräuter, Kresse, Rauke, Salate, Schnittsellerie, Sprossen, Radicchio
    Aussaat in Sätzen 44
    Lagern 40
    Saison verlängern 45
    Schießen 67
    Stängelgrundfäule 67
Salbei 65
Sauer-Ampfer s. Ampfer
Schädlinge und Krankheiten
    an Erbsen und Bohnen 75, 78, **80–81**
    an Kohlgewächsen 66, **140–141**
    an Lauchgewächsen **92–93**
    an Salaten und Kräutern 55, 57, **66–67**
    an Sommergemüse **110–111**
    an Wurzeln und Knollen 39, 66, 115, **124–125**
Schalotten **86**
    Lagern 40
    Schädlinge und Krankheiten 92, 93
Schießen 67, 125, 141
Schild-Ampfer s. Ampfer
Schnecken 31, **38**
    an Blattgemüse 141
    an Erbsen und Bohnen 75, 78, 81
    an Salaten und Kräutern 55, 67
    an Wurzeln und Knollen 115, 124
Schnittlauch **89**
Schnittsalat s. Salate; Rauke und Asia-Salat
Schnittsellerie **59**
Schützen
    Barrieren 38
    Kleine Gärten 25
    Pflanzglocken 30, 45
    Samen 29
    Vorziehen im Haus **32–33**

Sojabohnen 79
Sommergemüse 94–111
    s. auch Artischocken, Auberginen, Chili, Gurken, Kürbisse, Paprika, Tomaten, Zucchini, Zuckermais
Spinat 57, **128–129**
    Aussaat in Sätzen 44
    Lagern 40
Spitzkohl **134–135**
Sprossen **60**
Sprossen-Brokkoli 23, **132–133**
    Pflanzen 31
    Schädlinge und Krankheiten 140, 141
Stabtomaten **98–99**
Stängelgrundfäule 33, 67, 93
Stängelkohl 133
Stangenbohnen **72–73**
Strauchtomaten **96–97**
Stützen 71, 72–75, 77, 79

T

Tatsoi **138–139**
Tauben 19, 38, 71, 81, 141
Thymian 65
Töpfe 15, **18–19**, 24, 26, 29
    Erde und Düngung 19, 35
    Gießen 37
    Schädlinge und Krankheiten 19, 38
Tomaten 96–99
    Flüssigdünger 35
    Gießen 37
    im Staudenbeet 48
    Krankheiten 111
    Lagern 40
    Pflanzen 31
    Platzende Früchte 111
    Saison verlängern 44
Topinambur **109**
Trockenbohnen **78–79**

U

Unkraut 21
Untersaaten 23

V

Vertikales Gärtnern 24, 101
Vliestunnel 38, 45
Vögel 29, 92
    als Nützlinge 39
    Tauben 19, 38, 71, 81, 141
Vorziehen im Haus **32–33**

W

Wurzeln und Knollen
    s. auch Kartoffeln, Kohlrabi, Mairüben, Möhren, Pastinaken, Radieschen, Rote Bete

Z

Zimmergewächshaus 32, 33
Zucchini **100–101**
    Krankheiten 111
Zuckermais 49, **106–107**
    Pflanzen 31
    Popcornmais 107
Zuckerschoten **70–71**
    Flüssigdünger 35
    Pflanzen 31
Zwiebelgewächse s. Lauchgewächse
Zwiebeln **84–85**

Autor Jo Whittingham

DANKSAGUNG

DK dankt Oreolu Grillo und Sophie State für die Entwicklung des Reihenkonzepts sowie Margaret McCormack für die Registererstellung.

BILDNACHWEIS

Der Verlag dankt folgenden Personen für die freundliche Genehmigung zur Verwendung ihrer Fotos:

Alamy Stock Photo: Mark Bolton Photography 6 m; Nigel Noyes 13 um; Tim Gainey 14 m; 19 ml; 24 ul; 25 om; Peter Jordan_NE 30 ul; Virginija Vaidakavičienė 35 o; BIOSPHOTO 38 um; Anne Gilbert 41 ul; Art Directors & TRIP 48 ul; Christopher Nicholson 49 ur; Dorling Kindersley Ltd 52 m; Dave Bevan 66 ul; Thomas Smith 72 um; Alison Thompson 73 ol; Clare Gainey 75 um; GKSFlorapics 76 m; John Swithinbank 77 ml; Clare Gainey 79 om; Nigel Cattlin 80 or; 81 or; GKSFlorapics 82 m; Alison Thompson 91 um; Graham Corney 91 ur; tbkmedia.de 92 ul; Nigel Cattlin 92 ur; Tomasz Klejdysz 93 ol; Matthew Taylor 93 om; Nigel Cattlin 93 ur; Tim Gainey 97 ur; keith morris 109 ur; Nigel Cattlin 110 um; 111 ul; 111 um; Dorling Kindersley Ltd 114 ur; Alicia Neumiler 115 mr; Manfred Ruckszio 124 ur; Avalon/Photoshot License 125 om; Nigel Cattlin 125 or; 125 um; Denis Crawford 125 ur; Kathy deWitt 137 um

Dorling Kindersley: Peter Anderson 107 mr

GAP Photos: 22 ul; 23 or; Elke Borkowski 24 ur; BBC Magazines LTD 32 um; 33 ol; 33 om; 33 or; Jonathan Buckley 56 ur; Friedrich Strauss 57 or; 60 m; 60 mr; John Swithinbank 106 ml; Jo Whitworth 107 ur; Friedrich Strauss 108 m; FhF Greenmedia 135 ur

Getty Images: Dougal Waters 2 m; Fabian Krause/EyeEm 31; cjp 15 ml; Helin Loik-Tomson 32 ml; Klaus Vedfelt 36 ol; stevanovicigor 41 or

Huw Richards: 12 ul; 17 ol; 17 or; 17 oml; 17 omr; 17 uml; 17 umr; 17 u; 20 mr; 26 or; 26 ur; 46 ml; 46 ul; 46 ur; 84 m; 85 or; 129 ml; 129 or

Illustrationen: Cobalt id

Alle anderen Abbildungen © Dorling Kindersley

Produced for DK by COBALT ID
www.cobaltid.co.uk

Lektorat Marek Walisiewicz
Gestaltung und Bildredaktion Paul Reid, Roger Walton

DK London
Lektorat Mary-Clare Jerram, Katie Cowan, Ruth O'Rourke, Amy Slack
Gestaltung und Bildredaktion Maxine Pedliham, Christine Keilty
Umschlaggestaltung Nicola Powling, Lucy Philpott
Herstellung David Almond, Stephanie McConnell

Für die deutsche Ausgabe:
Programmleitung Monika Schlitzer
Redaktionsleitung Dr. Kerstin Schlieker
Projektbetreuung Manuela Stern
Herstellungsleitung Dorothee Whittaker
Herstellungskoordination Bianca Isack
Herstellung Sophie Schiela
Covergestaltung Sophie Schiela

Titel der englischen Originalausgabe:
Grow. Easy veg

© Dorling Kindersley Limited, London, 2021
Ein Unternehmen der Penguin Random House Group
Alle Rechte vorbehalten

© der deutschsprachigen Ausgabe by
Dorling Kindersley Verlag GmbH, München, 2022
Alle deutschsprachigen Rechte vorbehalten

Jegliche – auch auszugsweise – Verwertung, Wiedergabe, Vervielfältigung oder Speicherung, ob elektronisch, mechanisch, durch Fotokopie oder Aufzeichnung, bedarf der vorherigen schriftlichen Genehmigung durch den Verlag.

Übersetzung Jutta Langheineken
Lektorat Corina Steffl

ISBN 978-3-8310-4394-1

Druck und Bindung TBB, a.s., Slowakei

www.dk-verlag.de

Hinweis
Die Informationen und Ratschläge in diesem Buch sind von der Autorin und vom Verlag sorgfältig erwogen und geprüft, dennoch kann eine Garantie nicht übernommen werden. Eine Haftung der Autorin bzw. des Verlags und seiner Beauftragten für Personen-, Sach- und Vermögensschäden ist ausgeschlossen.